ANTONIO SALVADOR MORANTE

# ONTEM, HOJE E AMANHÃ

As experiências de um especialista financeiro
que transita das exatas às humanas

Copyright© 2021 by Literare Books International
Todos os direitos desta edição são reservados à Literare Books International.

**Presidente:**
Mauricio Sita

**Vice-presidente:**
Alessandra Ksenhuck

**Diretora executiva:**
Julyana Rosa

**Diretora de projetos:**
Gleide Santos

**Relacionamento com o cliente:**
Claudia Pires

**Capa, diagramação e projeto gráfico:**
Gabriel Uchima

**Revisão:**
Rodrigo Rainho

**Impressão:**
Gráfica Apoio

---

**Dados Internacionais de Catalogação na Publicação (CIP)**
**(eDOC BRASIL, Belo Horizonte/MG)**

M829o    Morante, Antonio Salvador.
         Ontem, hoje e amanhã / Antonio Salvador Morante. – São Paulo, SP: Literare Books International, 2021.
         152 p. : 14 x 21 cm

         ISBN 978-65-5922-174-5

         1. Ciências contábeis. 2. Patrimônio. 3. Gestão. I. Título.
                                                                             CDD 657

**Elaborado por Maurício Amormino Júnior – CRB6/2422**

---

Literare Books International.
Rua Antônio Augusto Covello, 472 – Vila Mariana – São Paulo, SP.
CEP 01550-060
Fone: +55 (0**11) 2659-0968
site: www.literarebooks.com.br
e-mail: literare@literarebooks.com.br

# PREFÁCIO

Ao conhecermos a vida e a obra de muitas pessoas com inestimáveis contribuições para a humanidade, por vezes somos levados à sensação, obviamente equivocada, de que há uma espécie de injustiça Divina, simplesmente em razão de aquelas pessoas terem recebido a mesma quantidade de dias, meses ou anos que todas as demais. Não raramente, somos pegos nos questionando por que figuras como Oswaldo Cruz, Vital Brasil, Albert Einstein, Tomas Edison, Mahatma Gandhi, Mozart, Bach e um punhado de outros notáveis, não viveram mais tempo e tiveram oportunidade de produzir mais, beneficiar mais pessoas e até usufruir mais dos resultados de suas conquistas.

Claro que não há muitas respostas inteligentes para uma questão como esta; se for colocada em debate em diferentes fóruns de credos e de conhecimentos, com certeza haverá muitos pontos de vista, palpites e tentativas de resposta, mas certamente não haverá unanimidade. Creio que duas convergências seriam mais prováveis: i. que o ser humano está muito aquém da capacidade de questionar a justiça Divina; ii. a outra provável convergência seria na linha do livre-arbítrio, como faculdade de escolhas ao alcance da vontade humana.

Na faculdade de escolhas, sempre há riscos de erros e chances de acertos e a história de cada um é escrita pela soma das decisões tomadas ao longo da vida. O mais importante é que o balanço final de erros e acertos seja celebrado com sabor de vitória, segundo as expectativas que se tenha sobre o que sejam erros e o que sejam acertos e os respectivos pesos que lhes forem atribuídos.

Nesse sentido, ao se dispor a produzir um relato da própria vida e de sua obra, é razoável supor que o autor tenha a saudável sensação de superávit de acertos ao longo da vida e tenha a virtude de registrar o conjunto de experiências vivenciadas, que poderão auxiliar nas reflexões dos seus contemporâneos e servir de referências para futuras gerações.

É desse modo que encaro esta obra do Prof. Dr. Antonio Salvador Morante, da qual tenho a elevada honra de tomar parte, ainda que modestamente. Sob um título muito feliz de "Ontem, hoje e amanhã", o autor vai além de simples testemunhos da própria vida, para fazer conexões de cinco gerações, registrando uma grandiosa evolução social desde seus avós até o já orgulhoso florescer dos seus netos; obviamente com relatos da trajetória de vida dos seus pais e, mais orgulhosamente ainda, da exitosa trajetória pessoal e profissional dos seus filhos.

Os que conhecem o Prof. Morante, academicamente muito bem preparado e com invejável experiência gerencial, não estranham a acurácia com que ele consubstancia e contextualiza suas realizações, com fartos exemplos de situações reais vivenciadas. Não estranham, e terão a oportunidade admirá-lo, ainda mais, ao conhecerem melhor seu bem-sucedido histórico batalhador, o ser humano que poucos conhecem e um conjunto de poesias de sua autoria que parece terem sido escritas pela própria alma.

Conclamo aos potenciais leitores a nutrirem suas expectativas de encontrar nesta obra a história de sucesso de um empreendedor, gestor, Professor e homem-família, em uma perspectiva temporal do "ontem", do "hoje" e do "amanhã", com relatos de atos e fatos inseridos no contexto empresarial, social e familiar, que permitem a todos conhecerem muitas das circunstâncias que nortearam a vida, a obra e a razão das virtudes pessoais e profissionais do Prof. Dr. Antonio Salvador Morante.

Finalmente, ao tempo em que cumprimento, efusivamente, sua esposa Nair e seus filhos Dênis, Denise e Daniel, reitero minha gratidão ao meu amigo Morante, pela deferência em me conceder a oportunidade de expressar aqui um pouco da grande admiração e respeito que tenho por nossa amizade de várias décadas.

**Almir Ferreira de Sousa,**

**Professor Associado Sênior - FEAUSP**
**Vice-Presidente da Ordem dos Economistas do Brasil**
**Coordenador do ProCED** – Programa de Capacitação da Empresa em Desenvolvimento
**Conselho Curador da FIA** - Fundação Instituto de Administração
abrolhos@usp.br

# SUMÁRIO

## ARTIGO

**UM PROFESSOR E UM PROFISSIONAL NA SEGURANÇA PATRIMONIAL: NARRATIVAS DE GESTÃO E HISTÓRIAS DE CONTRATOS DE SEGURANÇA PATRIMONIAL**..........................13

Caso 1 – Um gestor argentino ..................................................................14

Caso 2 – Um cancelamento contratual estranho .........................................17

Caso 3 – Um cancelamento contratual preparado.......................................18

Caso 4 – Um gestor sempre descontente....................................................19

Caso 5 – Um gestor eternamente descontente ...........................................19

Caso 6 – Uma gestora de RH no ramo de Segurança Patrimonial..............20

Caso 7 – Um gestor competente, mas exagerado ......................................21

Caso 8 – Dois gestores realmente profissionais ...........................................21

Caso 9 – Um gestor de empresa alfandegada .............................................22

Caso 10 – Uma gestora e uma empresa decepcionante...............................22

Caso 11 – Uma secretária como gestora de Segurança Patrimonial .............24

Caso 12 – Um técnico de Segurança do Trabalho
como gestor de Segurança Patrimonial ......................................................24

Caso 13 – Um gestor recentemente contratado..........................................25

Situação 1 – Criação da empresa ...............................................................26

Situação 2 – Capital de giro.......................................................................27

Situação 3 – Reconhecimento dos limites individuais.................................27

Situação 4 – Plano de negócios ..................................................................28

Situação 5 – Controles financeiros.............................................................28

Situação 6 – Empréstimos bancários..................................................................29

Situação 7 – A pandemia de Covid-19 e outras que poderão surgir............29

Conclusão .................................................................................................................30

# MEMÓRIAS, CRÔNICAS E DECLARAÇÕES

## COMUNICAÇÃO COM MEUS FILHOS ............................................... 35
50 anos (homenagem dos filhos) .......................................................................35

A cada dia mais velho (homenagem do neto Pedro) ....................................37

Bilhete da saudade (recebido da filha Denise) ..............................................37

Carta dos pais (recebida da filha Denise) .......................................................38

Dia dos pais (recebida do filho Daniel) ...........................................................39

Dia dos pais (recebida do filho Denis) .............................................................40

Pai (recebida do filho Denis) ..............................................................................42

Discurso – Meus 60 anos (recebida do filho Daniel).....................................44

Meu querido pai ....................................................................................................45

Meus parabéns.......................................................................................................46

Pai, filho e um mal-entendido ...........................................................................47

Pai............................................................................................................................50

Regras e conselhos – Do filho Daniel................................................................55

Parabéns, pai! .........................................................................................................56

## MANIFESTAÇÕES DE ALGUNS AMIGOS .........................................57
Carta de um amigo (recebida de um dos maiores amigos)........................57

Pai, meu herói, porém humano ..................................................60

Rosi (para Morante) ...................................................................61

Talvez um sonho! .......................................................................62

## UM INTERIORANO REVIVENDO SUA HISTÓRIA .......................65

Poucos nasceram na fazenda Figueira ......................................65

Mudança para Monte Verde Paulista ........................................65

O ginásio em Monte Azul Paulista ............................................67

Mudança para São Paulo ..........................................................68

O casamento .............................................................................68

Iniciando a carreira acadêmica .................................................69

Espírito empreendedor .............................................................70

Morante, o escritor ...................................................................71

Meus conselhos ........................................................................72

# PEÇA TEATRAL

## O CONTADOR E O CRUZADO: DE ESQUERDA OU DE DIREITA? ....................................................77

1º ato – O contador e o cotidiano ...........................................78

2º ato – O gerente financeiro e o cotidiano .............................81

3º ato – O pessoal do governo fiscalizando .............................83

4º ato – O governo arquitetando .............................................86

5º ato – O povo na expectativa ................................................88

6º ato – O contador e o futuro .................................................90

# POESIAS

Amor familiar...........................................................................95

Araceli – 100 anos ...................................................................95

Boteco do dado .......................................................................96

Broncas e broncas....................................................................98

Busão da alegria e início da jornada .......................................98

De São Paulo, Rio e Volta Redonda .......................................99

Cartas marcadas ....................................................................100

Cinquenta será possível?.......................................................101

Cristiane – A guerreira .........................................................104

Dan ou Chan ?......................................................................106

Denise – Alma gêmea ...........................................................107

Dia dos pais – Uma breve história .......................................107

Dois anos lutando ................................................................110

Entrevista de desligamento ..................................................111

Exemplo de criatura .............................................................112

Felicidade se conquista com viagens?...................................113

Guilherme – Um doce de criatura .......................................114

História de um causídico......................................................115

Iniciar é viver ........................................................................118

Marina – Menina ..................................................................118

Longevidade..........................................................................120

Marcas do tempo ..................................................................121

Mateus – Um gato.................................................................122

Meiga distância ...123

Menina – Prêmio ...123

Menino – Prodígio ...124

Meus 45 anos ...125

Meus dezoito anos ...127

Meus filhos ...127

O tempo passa ...128

Priscila – Uma maravilhosa mulher! ...128

Rose - Um exemplo ...130

São José ...132

Tiaguinho ...133

Uma aliança e uma esperança ...134

Uma bela história ...136

Uma conquista aguardada ...137

Uma visita necessária ...138

Vejo ainda em 1970 ...140

Vejo ainda em 2017 ...141

Vem Miguel! ...141

Vida cansada – Paciência ...142

Vivendo e conhecendo ...142

Zé da loja – 95 anos ...143

Nair - Ontem, hoje e sempre ...145

# ARTIGO

# UM PROFESSOR E UM PROFISSIONAL NA SEGURANÇA PATRIMONIAL: NARRATIVAS DE GESTÃO E HISTÓRIAS DE CONTRATOS DE SEGURANÇA PATRIMONIAL

Antonio Salvador Morante

**Resumo:** coletânea de narrativas envolvendo situações típicas de relacionamento com gestores de contratos na segurança patrimonial – problemas encontrados, aprendizado constante e soluções discutidas em cada exemplo. Ao final, experiências ocorridas nas dificuldades dos empresários, em especial na "pandemia" de Covid-19 e em outros momentos difíceis que foram encontrados durante 32 anos de trabalho no segmento.

Após 32 anos na direção de uma empresa no segmento de Segurança Patrimonial, relacionei várias experiências que passarei a relatar.

Sempre que encontrava com amigos, me perguntavam sobre as dificuldades em dirigir uma empresa nessa atividade, e pensavam essas pessoas que havia um risco iminente na atividade, sempre com base no que assistiam na televisão.

E meus argumentos eram estes: sempre admiti e expliquei que o maior problema no segmento era a diversidade de gestores de contratos, além das situações típicas de ser empresário no Brasil.

Mas e os vigilantes? Indagavam-me. Minha explicação era a de que também exigiam cuidados especiais, mas com os treinamentos que nós oferecíamos, muitas vezes no próprio local de trabalho, os problemas eram bastante reduzidos.

E a pergunta era vital: por que os gestores dos contratos? E aí seguirão algumas histórias verdadeiras das quais omito nomes e clientes, evidentemente.

São histórias nas quais o aprendizado nunca acabava. Diariamente surgiam fatos novos, gestores novos em contratos novos, gestores substituídos e outros.

Este artigo terá duas partes, a primeira sobre experiências com gestores de contratos e a segunda envolvendo "pandemias" típicas de um empresário.

## CASO 1 – UM GESTOR ARGENTINO

Certa vez, fechamos um contrato aqui em São Paulo e o gestor brasileiro foi substituído por um gestor argentino.

Orgulhosamente, esse profissional alegou que nosso sistema de segurança (do Brasil) era falho, inadequado e permitia invasões.

Como a empresa tinha um plano de segurança bem definido e feito a duas mãos, fizemos o impossível para explicá-lo e defendê-lo.

Esforço inútil. O profissional continuava com as alegações de que nossa segurança era falha e queria mudanças. Parecia até que seu objetivo real era o de contratar outra empresa, o que não contávamos, pois ele não conhecia concorrentes.

Diante dessas dúvidas, resolvemos ir até Buenos Aires para constatar em que parte os brasileiros eram falhos nessa área. E, para nossa surpresa, não tínhamos nenhuma divergência ou operação deficiente.

O que diferenciava o vigilante argentino do brasileiro, à época, era o fato de que a empresa podia comprar as armas diretamente das lojas e, portanto, podiam ser especiais se necessário, e os vigilantes podiam fazer rondas na rua e no entorno das plantas dos clientes.

E, também, para nossa surpresa, eram obrigados a cuidar das guaritas até no aspecto de limpeza.

Então fizemos as adaptações que julgamos necessárias e possíveis e fomos cuidar da segurança contando com o apoio do gestor.

É quando se inicia o verdadeiro calvário. Com tempo e dedicação integrais, 24 horas por dia, de segunda a domingo, o gestor exigia tudo o que o contrato estampava e mais algumas outras que ele considerava importantes:

a. Entrevistava todos os candidatos, escolhendo-os com seus critérios;

b. Exigia altura mínima;

c. Exigia conhecimento de informática razoável;

d. Como ex-militar, exigia uma postura semelhante a do militar argentino;

e. Obedecia à legislação brasileira, mas queria que as guaritas fossem limpas pelos colaboradores nossos;

f. Era rígido no período de experiência, com substituições constantes.

E assim se passaram praticamente 12 anos de convivência. Anos difíceis, e se não fossem as planilhas bastante detalhadas, o contrato seria prejudicial, face às exigências diárias com um diretor operacional praticamente à sua disposição.

Sua força na empresa era flagrante. Cuidados especiais com desvios de cargas, e com a tranquilidade física dos seus diretores, eram prerrogativas que ele trabalhava 24 horas por dia.

E nós tínhamos que trabalhar juntos. Se ele tinha um problema de madrugada, estavam disponíveis um supervisor e dois diretores para ajudá-lo a solucionar.

Resumindo, costumávamos dizer na época que ele foi para nós uma formatura de doutorado em vigilância patrimonial, passando pelos aspectos técnicos e também recursos humanos.

Tinha essa pessoa somente defeitos ou também virtudes? Se forem defeitos os que eu apontei, ele os tinha. Mas, na época dos reajustes, era o primeiro a nos defender junto ao setor de compras. Dificilmente concedíamos qualquer desconto, em face da quantidade de exigências que tínhamos anotado e eram expostas ao setor de compras.

E assim foi nossa convivência, até que houve a promoção dele para uma área latino-americana, ocorrendo sua substituição, mas ainda sob seu comando.

Começaram novas confusões, novas exigências, novas adaptações. Se ele via sistemas diferentes no Chile, queria adaptá-los no Brasil, mesmo que nossa legislação não permitisse.

Segue um período também complexo, até que ele foi dispensado da organização, assim como todos os seus colegas argentinos, mesmo sendo portador de uma doença grave.

Sossegamos? Não, o substituto, mesmo sendo brasileiro, queria imitá-lo para ser visto como um excelente sucessor. E assim foi...

Quando criticávamos os sistemas do argentino, ele os apoiava. Quando elogiávamos suas ideias, éramos frontalmente marginalizados.

O tempo passou, houve um "*bid*" e deliberadamente o substituto nos alijou da disputa para trabalhar com um concorrente, sob a alegação de um menor valor contratual.

## CASO 2 – UM CANCELAMENTO CONTRATUAL ESTRANHO

Foi numa multinacional, onde o trabalho de vigilância seguia com bastante tranquilidade e nem armas os vigilantes portavam.

Até que o gestor foi dispensado e é contratada uma gestora bem experiente. Era nossa praxe imediatamente procurar o substituto para nos apresentar e defender nosso projeto.

Fomos a dois diretores, visitamos todo o parque industrial, fizemos funcionar todas as rondas e nos parecia tranquila a aceitação de nossa empresa pela nova gestora.

Passam-se trinta dias, após um período sem qualquer ocorrência, e somos chamados com urgência para uma reunião na segunda feira, 6h, com aparência de ter ocorrido algo muito grave.

Essa convocação foi feita no domingo. Indagamos qual o problema, para que um profissional da área específica ao problema pudesse nos acompanhar, mas houve recusa.

Lá chegamos, nos apresentamos e aguardamos na sala de espera até as 8h. Entretanto percebemos algo estranho no contrato, pela presença de vigilantes de empresa concorrente circulando pela portaria.

E vem a nova gestora com a seguinte informação: sua empresa será substituída a partir de hoje sem necessidade de cumprimento do aviso prévio, o qual nos foi oferecido para concordância.

Recusamos e solicitamos que nos fosse enviado por *e-mail*, conforme preconizava o contrato, e com a autorização para emissão imediata da nota fiscal do aviso prévio para o pagamento também imediato.

Retornamos à nossa base e aí veio o financeiro da empresa com a afirmação de que não entendia por que deveria pagar o aviso-prévio se ele não seria cumprido. Argumentamos a decepção na rescisão e a justificativa encontrada para o cancelamento.

E diante da ciência do tratamento recebido, o funcionário do Financeiro recomendou que fizéssemos uma queixa formal junto ao presidente da organização. E assim foi feito, com elegância e todos os detalhes que a situação exigia.

Conclusão: a gestora não concluiu seu período de experiência, porque assim agiu com o fornecedor de *"facilities"* também, causando um mal-estar a outros fornecedores.

## CASO 3 – UM CANCELAMENTO CONTRATUAL PREPARADO

Nós sempre consideramos, a despeito do constrangimento e decepção de um cancelamento, uma situação possível, e sempre nos preparamos para que isso não ocorresse com constância.

Nossos contratos tinham em média dez anos de vigência, o que até certo ponto nos tranquilizava.

Neste caso, também numa multinacional, contemplava vários postos de vigilância com a presença de um supervisor interno. Contrato bem tranquilo e poucos riscos.

No entanto surge um pedido para que dispensássemos com aviso-prévio e liberação do fundo de garantia justamente o supervisor, porque ele passaria a ser funcionário próprio, com um salário maior, mas continuaria cuidando de nossos colaboradores.

Prontamente atendemos, entendendo que aquela atitude era para beneficiar um colaborador que sempre teve uma atitude correta e merecia um salário melhor.

Terminada a rescisão, no dia seguinte ao cumprimento do aviso prévio, somos chamados de urgência e, de forma surpreendente, o contrato foi cancelado.

Qual foi então a tática utilizada pelo gestor? Pediu a gentileza de dispensarmos o supervisor, para que ele permanecesse na empresa agora com um concorrente já contratado e de sua ciência.

Enfim, um golpe baixo e inesquecível. Mas o tempo passa e as histórias se repetem. Dois anos depois, o gestor do contrato nos pede autorização para que a empresa fosse citada como fonte de referência, pois ele foi dispensado daquela multinacional.

E consentimos... Por quê? Nunca se sabe no ramo de vigilância patrimonial como será o dia seguinte. Ao mudar de empresa, será que esse gestor nos indicaria? Não aconteceu, mas poderia acontecer.

## CASO 4 - UM GESTOR SEMPRE DESCONTENTE

Fechamos um contrato de forma interessante, implantamos o projeto como era de nosso costume, mas o martírio começou com reclamações de tudo. Dos vigilantes, dos supervisores diurno e noturno, do RH, do nosso Financeiro, enfim, de toda a organização.

Lá comparecemos com o objetivo de atendê-lo e salvar o contrato. Ora, se o problema eram os vigilantes, trocaríamos toda a equipe.

Qual a surpresa? O gestor não aceitava. Argumentava que os colaboradores precisavam trabalhar, que eram educados, que eram bons profissionais e que nós deveríamos treiná-los melhor, para que não houvesse mais reclamações.

Mas perguntávamos após explicações fúteis e controversas: quais objeções tinham para tantas reclamações?

E não tivemos nenhuma resposta, até que no primeiro ano de contrato não conseguimos repassar o reajuste. No segundo também. Decidimos pelo cancelamento, evidentemente.

## CASO 5 - UM GESTOR ETERNAMENTE DESCONTENTE

Ocorreu num *shopping*. Foi contratado esse gestor, tecnicamente conhecedor do ramo e bastante exigente.

Durante um período de praticamente dois anos, nos parecia que seus aposentos pessoais eram no próprio local de trabalho, pois às 6h da manhã ele já estava disponível para criticar o trabalho.

Percorria todas as dependências do *shopping*, e se encontrava algum vigilante "encostado" numa parede, pedia seu recolhimento. E não adiantava argumentarmos que iríamos corrigir aquela atitude através de treinamentos.

E assim fomos tocando, até que um dia resolvemos pedir uma audiência para expor claramente essas exigências absurdas e desnecessárias, que estavam contribuindo para um possível cancelamento de nosso contrato.

Chegamos até a sugerir que ele fizesse um tratamento pessoal, pois suas atitudes estavam contribuindo para sua infelicidade, além de colaborar para que nenhum vigilante desejasse trabalhar naquele *shopping*. E isso era do conhecimento dos candidatos já nas entrevistas.

Em novas contratações, o mercado já sabia. "Com aquele gestor, não me interesso pela vaga", diziam alguns.

Conclusão: esse gestor melhorou seu estado de espírito e o contrato prosseguiu sem mais problemas, mesmo considerando o fato de ele ter sido mudado de local por promoção.

## CASO 6 - UMA GESTORA DE RH NO RAMO DE SEGURANÇA PATRIMONIAL

Sempre foi muito difícil conviver com profissionais de outras áreas dirigindo nossos contratos. As participações eram menos técnicas e mais pessoais: postura, elegância no atendimento das portarias e outras situações mais ligadas ao RH.

Um de nossos maiores contratos aconteceu por volta do ano 2000. Conseguimos na época também o contrato de limpeza e conservação, o que nos levava a toda a atenção e disponibilidade no atendimento.

Ocorre que, em cada situação diferenciada, não conseguíamos introduzir correções típicas que pudessem minimizar os riscos.

Prevenções de fraudes, de desvios e de presença de estranhos numa planta circundada por cercas, e não muros, eram problemas constantes que mereciam alterações para maior sucesso no contrato original.

E na maioria das situações não conseguíamos impor alterações operacionais que acarretariam maiores custos no contrato.

Chegamos a um momento em que a gestora foi substituída por um profissional da área de segurança.

O que nos levava a queixas e a verdadeiras torturas. Reclamações diárias, problemas criados sem necessidade, situações. Os testes eram constantes e tínhamos que proceder sob a égide de diversas alegações operacionais, o que descortinava as deficiências.

## CASO 7 – UM GESTOR COMPETENTE, MAS EXAGERADO

O caso envolve uma empresa de bens de pequeno porte, mas de grande valor de mercado, pertencentes a uma empresa de origem também estrangeira.

Cautelas na portaria e na recepção da administração, onde foram colocadas em uso e testadas quase que continuamente novas diretrizes.

Mas o que nos chamou a atenção foram os constantes testes com helicópteros sobrevoando a planta com a expectativa de uma invasão de marginais.

Argumentos de custos não computados no contrato eram rebatidos com a possibilidade de cobertura adicional, e assim fazíamos.

A cada quinze dias provocávamos uma pseudoinvasão pelo ar e pela terra para testar nosso projeto. Algumas vezes não tivemos sucesso e, contrariamente ao que se esperava de aprendermos com os erros, recebíamos queixas ameaçadoras de cancelamento por escrito.

O contrato durou muitos anos, até que a empresa se mudou para Manaus.

## CASO 8 – DOIS GESTORES REALMENTE PROFISSIONAIS

Uma multinacional de medicamentos e uma empresa nacional de grande porte. Profissionais hábeis, defensores de um projeto de segurança verdadeiramente sério, eram conscientes de que as imperfeições sempre podem ser corrigidas.

Exemplos de ensinamentos em várias oportunidades. Exemplos inclusive de referências a nosso trabalho. Num novo orçamento de futuros clientes, eram sempre solicitados a permitir uma visita a suas instalações e visão de nossa operação, o que nos facilitava bastante no fechamento de novos contratos.

Portarias modernas, equipamentos sempre atualizados na recepção, uso de vigilantes e não porteiros eram exigências contínuas.

E, na época, fizemos diversos testes de fidelidade empresarial através de câmeras de CFTV infiltradas em determinados setores.

Mantemos contatos até hoje com ambos, recordando lembranças e bons momentos de organização profissional.

O tempo passou e o leitor pode perguntar: onde estarão esses dois gestores realmente profissionais? Aposentados evidentemente, mas sempre disponíveis para palestras e ensinamentos sobre as experiências que viveram.

## CASO 9 – UM GESTOR DE EMPRESA ALFANDEGADA

Riscos diários. Produtos importados por terceiros de alto custo e pequeno tamanho. Uma tormenta constante.

Um defeito básico, nossos vigilantes não podiam circular em determinadas áreas do armazém, o que dificultava sobremaneira a verificação de irregularidades que podiam ser vislumbradas com antecedência.

O gestor entendia muito de armazém alfandegado, mas como era novo na empresa, não estava totalmente preparado para nos assessorar num projeto específico, o que acabou acontecendo aos poucos, até que os riscos fossem bastante minimizados.

## CASO 10 – UMA GESTORA E UMA EMPRESA DECEPCIONANTE

Novamente, uma gestora de RH numa empresa com riscos de desvios bastante representativos, além de constar do contrato um posto de segurança pessoal.

Convivemos com um presidente muito exigente, que jamais se apresentou para qualquer reunião conosco. Era aquela pessoa temida que na área de limpeza passava as mãos nas janelas e, se houvesse qualquer poeira, dispensava a funcionária que deveria ter deixado aquele local limpo.

Mas, se ele era o presidente, por que se preocupava com tudo? Personalidade dele, um tanto exagerada, apesar de a empresa ter orçamento anual, ele costumeiramente fazia filas de responsáveis por aprovação de despesas para discutir uma a uma, mesmo que estivessem aprovadas anteriormente.

E nosso contrato era sempre objeto de análise, porque ele considerava a vigilância patrimonial um dever de Estado, e que não era justo o pagamento pelas empresas.

No tocante à segurança pessoal, omitia os locais para onde ia sozinho, deixando nossos colaboradores no local de trabalho, enquanto ele circulava tranquilamente pela cidade.

O que nos causou enorme prejuízo e decidimos pela rescisão contratual foi um desvio de produtos dentro de uma das salas existentes na fábrica, onde nossos vigilantes não podiam circular nem vigiar.

Uma câmera gravou a cena do desvio e constatou-se que o malfeitor era um terceiro, mas mesmo assim o presidente decidiu por nos repassar o prejuízo do roubo.

Evidentemente, não concordamos. Nossos argumentos não foram ouvidos e ainda fomos proibidos pela gestora de continuar a discutir. Afinal, o presidente queria assim e assim deveria ser feito.

Lamentavelmente, o contrato foi cancelado e repassado a um concorrente, que também veio a perdê-lo alguns anos depois, por motivos semelhantes.

**Lições desta experiência:**

a. Muito cuidado com a hierarquia onde está envolvido o contrato;

b. Muito cuidado com o impedimento para reuniões protocolares;

c. Muita cautela em instruções verbais e costumeiras;

d. Se possível, elaborar contratos com aviso-prévio diferenciado, se possível com 90 dias;

e. Visitar constantemente o posto, fazendo avaliação por parte do cliente;

f. Treinar costumeiramente os vigilantes *in company*.

## CASO 11 – UMA SECRETÁRIA COMO GESTORA DE SEGURANÇA PATRIMONIAL

É possível que o leitor manifeste estranheza com essa possibilidade, mas isso já vimos acontecer.

É a alternativa de segurança encontrada pela administração do cliente. A secretária é eclética, tem disponibilidade e se essa secretária se ocupa também de assuntos pessoais da Diretoria, por que não cuidar da Segurança Patrimonial?

E essa profissional fará tudo para aprender. Leituras, experiências de outros gestores, mas chega um momento em que um problema qualquer que cause riscos ou prejuízos à empresa onde ela trabalha trará dificuldades na continuidade.

A experiência deste autor não recomenda esse tipo de gestão.

## CASO 12 – UM TÉCNICO DE SEGURANÇA DO TRABALHO COMO GESTOR DE SEGURANÇA PATRIMONIAL

Embora tenha uma formação mais próxima da atividade que outras carreiras, também encontramos muitas dificuldades em assimilar os profissionais encontrados ao longo desses anos todos.

Os técnicos de segurança têm uma missão aparentemente tranquila se o planejamento de sua atividade for bem-feito.

Só que os objetivos são muito diferentes, embora o termo segurança esteja contemplado em ambas as carreiras.

Quando os vigilantes são armados, então o problema e as dificuldades são enormes, pois qualquer ocorrência envolvendo a saúde dos profissionais criará um grande impacto tributário no orçamento dos clientes.

E é difícil explicar que um vigilante não é um operário que manipula uma máquina. Que riscos de insalubridade ou periculosidade nem sempre existem naquele contexto.

Que riscos pessoais inerentes a quem faz ronda são uns, e a quem fica na portaria podem ser outros. Dependendo dos bens que a empresa estoca, produz ou manipula, podem até não existir riscos de desvios, por exemplo.

Tomemos como exemplo uma fábrica de tratores, onde o risco de desvio, convenhamos, é mínimo. Mas o desvio de peças é possível.

Cabe ao cliente especificá-los para que o projeto de segurança seja preventivo e possibilite minimizá-los.

Entretanto, como se trata de um acúmulo de função, o técnico de segurança do trabalho tende a preocupar-se mais com sua área de atuação do que com a Segurança Patrimonial, por considerá-la adicional a suas obrigações.

Quantas e quantas vezes não conseguimos as reuniões necessárias e desejadas a um novo planejamento ou melhoria daquele existente?

## CASO 13 – UM GESTOR RECENTEMENTE CONTRATADO

Um dos exemplos mais comuns e difíceis de conviver é quando o gestor com o qual estamos acostumados, por qualquer motivo, é substituído em sua função.

E seu substituto vem de outra empresa, escolhido por um determinado concorrente.

Temos um exemplo no qual o novo gestor disse claramente: não gosto de sua empresa, ao qual foi indagado que motivos ele teria para assim se expressar. Mas não conseguiu responder. O que desejava era acomodar-se com o tratamento de uma empresa de sua predileção e que poderia certamente lhe trazer tranquilidade no novo cargo e na nova empresa.

Trata-se de uma difícil conquista. Vai depender da personalidade desse novo gestor. Há aqueles que carregam sua equipe, como o fazem os técnicos de futebol, e há aqueles que criam novas equipes e novos fornecedores.

A dependência desse tratamento e desse convencimento é algo que os colaboradores de RH sabem distinguir.

E precisam ser chamados a detectar soluções e formas de conquista. Mas perguntamos: há necessidade realmente de conquistar?

Há sim, quem trabalha com serviços, e em especial com vigilância patrimonial, vende todos os dias seus contratos, principalmente porque o costume das empresas é elencar aviso-prévio de trinta dias apenas.

E as rescisões causam também problemas financeiros imprevistos conforme o período, tais como férias vencidas, proximidade do décimo terceiro, são gastos iminentes e nem sempre provisionados pelo departamento financeiro.

Qual então seria a recomendação? Dedicar à Diretoria da empresa todo o tempo para conquistar esse gestor, através da percepção de suas intranquilidades e de seus receios, objetivando uma comparação do novo com o antigo?

É difícil, mas não impossível. Perdem-se contratos nessa situação? Muitos. Mas não se perde o poder de resistir às dificuldades do segmento.

Contadas essas experiências, vamos discorrer sobre "pandemias" nas empresas de segurança, em especial como estamos convivendo nos últimos meses com problemas inesperados e difíceis de contornar.

Consultamos empresários que viveram problemas de toda natureza, quer seja pelo aparecimento da Covid-19, quer seja por outros tipos de situações.

Nos negócios, situações inesperadas ou imprevistas são comuns. Vamos relacionar algumas ou as principais, e depois iremos discorrer sobre cada uma delas.

## SITUAÇÃO 1 – CRIAÇÃO DA EMPRESA

Toda empresa precisa ser criada com algumas formalidades indispensáveis. Entre as principais, destacamos:

a. Capital de giro correto e adequado ao negócio;
b. Controle correto dos prazos médios de estoque, recebimento e pagamento;
c. Conhecimento e respeito aos limites individuais dos componentes, sócios ou gestores que dirigem a organização;
d. Elaboração de um plano de negócios;
e. Respeitar e exigir boas informações contábeis mensais;

f. Controle rígido e diário do fluxo de caixa;
g. Uso e convivência com empréstimos bancários, se forem indispensáveis.

## SITUAÇÃO 2 – CAPITAL DE GIRO

Nós, brasileiros, somos fundamentalmente arrojados e naturalmente empreendedores. Muitos dos empresários consultados formaram empresas com o FGTS e indenizações recebidas, outros com recursos oriundos de heranças, e outros até com prêmios de loteria.

Toda empresa necessita do conhecimento financeiro com base no modelo de negócio, e isso passa especialmente pelo capital necessário, representado pelo fôlego financeiro entre o início de um negócio, as compras e despesas necessárias pelo imediatismo, e como reciprocidade quando as vendas retornam através dos seus recebimentos para cobrir essa movimentação.

O importante nessa situação são as impossibilidades que todo negócio pode trazer, mesmo que algumas sejam previstas. Essas impossibilidades serão atendidas por mais capital ou empréstimos bancários. E as perguntas serão: os empreendedores terão mais reservas para investir na empresa? Os bancos financiarão a necessidade da empresa?

E uma situação posterior é a do crescimento. A empresa tem condições naturais, pelo acúmulo de lucros, para crescer? Terá de recorrer aos sócios ou acionistas ou terá de recorrer a bancos?

Essas situações serão evidenciadas e exemplificadas ao logo deste tópico.

## SITUAÇÃO 3 – RECONHECIMENTO DOS LIMITES INDIVIDUAIS

Todos nós temos limites: pessoais, financeiros, intelectuais, familiares, de saúde, de disponibilidade ou outros que desviam e impedem uma melhor atuação.

Muitos dos empresários consultados se surpreenderam com essas observações. Muitos nem se davam conta da importância de alguns limites.

Durante a pandemia de Covid-19, várias empresas estavam preparadas, mesmo sem saber, para o longo período de instabilidade que ainda estamos vivendo.

a. Empresas que tiveram portas fechadas, se possuíam provisões e reservas, ou mesmo um capital de giro preventivo, conseguiram sobreviver ou mesmo dispensar seus colaboradores.
b. Empresas que tinham colaboradores criativos e empreendedores partiram para a exploração de negócios paralelos ou possíveis de serem iniciados.
c. Empresas que não exploravam nem valorizavam por diversos motivos determinadas atitudes, como recursos humanos, *marketing* e *home office*, conseguiram através desses meios conviver mesmo que com dificuldade no período por que estamos passando.

## SITUAÇÃO 4 - PLANO DE NEGÓCIOS

Seja no início de um empreendimento ou durante a sua existência, toda empresa precisa ter seus objetivos definidos, suas estratégias bem estabelecidas e as previsões por intempéries e provisões financeiras para o enfrentamento das dificuldades.

A pandemia comprovou até exageradamente a falta de preparo preventivo para situações adversas, mesmo considerando que ela atingiu pessoas, populações, países pobres e ricos, especialmente os aspectos psicológicos de todo universo populacional.

## SITUAÇÃO 5 - CONTROLES FINANCEIROS

Tivemos e ainda estamos tendo informações de empresas que estão recorrendo a bancos sem a menor previsão ou responsabilidade de cumprimento futuro das obrigações assumidas.

Interpretamos, inclusive, que a busca por financiamentos destinados a cobrir custos e despesas se assemelha ao uso daquele medicamento urgente que ninguém sabe se terá sucesso ou não, mas é visto como o último recurso.

Mais do que nunca, o respeito à utilização da contabilidade em todos os seus aspectos, controles e informações, quer seja de uma empresa de tamanho grande, médio ou pequeno, tem um valor inestimável e indispensável.

As informações devem ser até diárias, de forma que se adaptem às dificuldades do dia seguinte, e que essas dificuldades sejam antecipadamente discutidas por todos os componentes da organização.

## SITUAÇÃO 6 – EMPRÉSTIMOS BANCÁRIOS

Buscar empréstimos não é um defeito ou um problema. Pode ser considerado uma ajuda, como outra qualquer. Podemos comparar com a contratação de assessorias de administração, jurídicas, de *marketing* ou outras.

O importante é que tenhamos prevista a possibilidade de pagá-los, assim como fazemos com as assessorias. Pagaremos com lucros acumulados ao longo de vários exercícios ou pagaremos com capitalização? Precisamos ter essa resposta antes de buscá-los.

Prorrogar os pagamentos indefinidamente ao longo de vários anos somente porque a empresa se apresenta como provável boa pagadora não é recomendável.

Aí, sim, deveremos comparar os empréstimos bancários a uma "doença" – um dia ela deverá cessar e ser curada. Caso contrário, o empreendimento chegará à morte.

## SITUAÇÃO 7 – A PANDEMIA DE COVID-19 E OUTRAS QUE PODERÃO SURGIR

Todas as situações que envolveram os capítulos financeiros tiveram como objeto os aspectos preventivos e corretivos de situações inusitadas ou inconstantes.

Considerando que a pandemia de Covid-19 jamais tinha sido prevista, vamos elencar ramos de atividade ou empresas que souberam sobreviver e o que fizeram para essa sobrevivência.

a. Muitas dispunham de reservas ou capital de giro para suportar alguns meses, pelo menos – não dispensaram nenhum colaborador mesmo que de portas fechadas.
b. Muitas foram forçadas ou motivadas à reinvenção de seu modelo de negócio ou reinvenção do conhecimento dos colaboradores.
c. O trabalho sob o regime de *home office*, até então pouco praticado, tomou um ramo de valorização indiscutível, pelo menos para algumas atividades.
d. As compras pela *internet* até de medicamentos tiveram um aumento expressivo, bem como as compras por aplicativos, inclusive de refeições.
e. O ensino a distância evidenciou a possibilidade de implantação definitiva até pela sua internacionalização.
f. Enquanto isso, várias atividades ainda estão no aguardo de soluções até então impensadas:

| | |
|---|---|
| Aviação | Mundo digital |
| Lazer | Educação |
| Saúde | Esportes |

## CONCLUSÃO

Estas considerações não tiveram a intenção, longe disso, de apresentar soluções para todos os imprevistos.

Essa pandemia surpreendeu o mundo todo. Entretanto por que não foram todas as empresas que fecharam, mesmo que não soubessem da surpresa que estava sendo colocada para todos os empresários?

Consideramos então que as lições financeiras estão aí para serem implantadas e modificadas, ajustadas ao longo do tempo. Se tudo pode ocorrer de bom ou ruim em nossas vidas, por que o mesmo não pode ocorrer com nossos empreendimentos?

E encerramos com uma citação de Gaudêncio Torquato, em que ele afirma: "Devemos já começar a gigantesca tarefa de fazer as mudanças que se fizerem necessárias para convivermos com os dias futuros. Urge termos consciência dessa necessidade. Não se espere pela volta pura e simples aos dias de ontem, com a manutenção de velhas regras, padrões de comportamento, atitudes e gostos".

# MEMÓRIAS, CRÔNICAS E DECLARAÇÕES

## COMUNICAÇÃO COM MEUS FILHOS

### 50 ANOS (HOMENAGEM DOS FILHOS)

Mãe e pai, meus sinceros parabéns por viverem um relacionamento tão duradouro e sólido. Um relacionamento que deu tantos frutos: três filhos e cinco netos. É bastante, gente, são muitas vidas, muitos destinos, muitos caminhos.

...Afinal, 50 anos é uma vida! Vocês tiveram infância, adolescência, juventudes, vida adulta, chegaram à vida adulta tanto em suas vidas particulares quanto em seus relacionamentos.

Vou falar um pouco sobre minhas impressões desse casamento tão distinto do qual sou um fruto: sempre achei vocês muito complementares, uma tremenda dupla. Sinto isso muito fortemente na minha formação. Tenho uma mãe com quem convivia muito, que me acompanhou em todos os momentos escolares, domésticos, particulares...

Lembro-me de ter fumado pela primeira vez a partir de uma provocação da minha mãe. Tenho um pai que me deu muitos exemplos: trabalho árduo, nunca desistir, saber escolher uma esposa... Lembro-me de algo que muito me marcou e foi importantíssimo há pouco tempo em minha vida, ao me tornar empresário: quando meu pai teve um período de desemprego e ficou em casa, produzindo apostilas e se dedicando ao trabalho acadêmico, enquanto buscava o seu novo desafio: Segurança Contábil.

Para qualquer lado que eu olhasse, via duas pessoas exemplares. Realmente, vocês ensinaram muito por palavras e por exemplos. Fico impressionado, aos 45 anos, com o quanto me remeto a vocês em diversas ocasiões, atitudes, filosofias de vida.

Sempre vi muito respeito e, ao mesmo tempo, personalidade. Impressionante como em minha visão vocês sempre buscaram mostrar para nós que manter a própria personalidade é algo importante no relacionamento. Ninguém se curvou ao outro nesse relacionamento. Isso não foi fácil... Os enfrentamentos eram inevitáveis, mas vocês foram, dentro das linhas do respeito mútuo, mostrando um ao outro quem eram.

São pais que buscaram sempre fazer com que nós não nos tornássemos fracos, suscetíveis.

Evitaram com disciplina nos elogiar demais. Cobravam sem exagero. Enfim, mostraram aos três que a vida não é fácil, que não devemos desistir, nos envergar e que, ao mesmo tempo, por mais vantagens que tenhamos, sempre devemos respeitar o próximo e as surpresas que a vida nos traz.

Quanto mais adulto e tentando fazer a minha família... Já estou na segunda tentativa, tive um apoio de verdade de vocês. São excelentes avós. Ajudaram-me muito durante a fase longa de adaptação e aprendizado. Foram parceiros, companheiros. Estavam ali para me ajudar no que eu precisasse, sem invadir a minha privacidade. Ah! Nisto também vocês sempre foram muito bons: buscar nos respeitar enquanto adultos casados e com suas famílias. Conseguiram se colocar a uma distância confortável de nós enquanto buscávamos estruturar as nossas famílias. E o fazem muito bem até hoje.

Agora são avós de cinco meninos. Que quinteto! Já tem neto universitário trabalhando, quanto orgulho! Formaram os filhos e agora podem ver esses netos se desenvolverem. Os cinco são apaixonados por ambos. Vovó Nair e Vovô Toninho, sempre lá, ajudando, sendo companheiros, estragando aquilo que os pais tentam arduamente fazer.

Adoro quando vejo vocês tentando me fazer amolecer onde a dureza me foi ensinada, na prática, por vocês... É um paradoxo, penso: aprendi com eles e agora querem que eu desaprenda. Enfim, é o amadurecimento.

Olha, por fim, quero enfatizar o orgulho, a benção e a satisfação que transbordam de mim por ser filho dessa dupla: Nair e Toninho. Com suas qualidades e defeitos, fiquem tranquilos, que vocês não me levaram para a terapia, pois foram muito importantes em minha formação humana. O que me leva para a terapia é a busca incessante por melhorar, e não para corrigir erros, pois vocês os cometeram poucos. Não se preocupem. Ser o Denis, filho desse casal, é muito, muito especial... Deus, obrigado!

Amo muito vocês, tenho muito orgulho dos dois. Obrigado pelos exemplos, pelo amor incondicional e por todos os sacrifícios.

Espero, de verdade, nesses 45 anos, ter lhes dado mais razões para sorrir do que para chorar.

Seu filho, Denis. Bodas de Ouro, 2020.

## A CADA DIA MAIS VELHO (HOMENAGEM DO NETO PEDRO)

Vovô, hoje é o seu dia e estamos comemorando o aniversário de uma pessoa muito especial, para você e para sua família inteira.

Hoje está fazendo 70 anos que o melhor avô do mundo inteiro nasceu, e essa pessoa bondosa, estudiosa, inspiradora e carinhosa, é você.

Espero, como toda a sua família, que você continue assim! Acreditamos em você e sabemos que o seu humilde coração diz o mesmo de nós, nunca desistiremos de você, nunca te deixaremos na mão. O Gui, o teus, a tia Dedê, o tio Dani, o meu pai, o Juba, o Gabi e eu estamos dizendo: Feliz aniversário!

Com muito amor,

Pedro

## BILHETE DA SAUDADE (RECEBIDO DA FILHA DENISE)

Oi, pai, estou escrevendo porque faz tanto tempo que não nos vemos e senti que estamos tão distantes, e como estive aqui, resolvi deixar este bilhete. Eu queria contar uma "história", porque você sempre gostou tanto de conversar certas coisas, mas como não temos oportunidade de conversar, resolvi escrever.

Sabe, lembra o meu diretor, o famoso "ASM", aquele que quando eu comecei a trabalhar na Clean Mall, que eu falava com admiração.

Aquele homem cheio de ideias, "planejador", líder, um pouco centralizador, enfim, o homem que foi o responsável pelo crescimento tão vertiginoso da Clean Mall.

Pois é, ele não está mais lá. Saiu! No lugar dele ficou um senhor que até parece ser um homem que sabe muito, que no passado foi muito competente porque todos "disfarçam" respeitá-los, mas na verdade ele toma decisões sérias sem o menor planejamento, parece que fala sem pensar, é superestressado. Sabe aquele tipo que está criando um clima pesado ao redor dele? Que todos comentam sobre a figura dele, mas não aquele comentário cheio de admiração que faziam do outro?

Deste é aquele tipo de comentário de "tá louco", "é um lunático". E o pior é que está crescendo um clima de descontentamento tão grande, que a hora que ele sair eu tenho certeza de que não deixará saudades como o outro deixou (porque eu e mais várias pessoas temos saudades do "ASM!"). Esse vai deixar uma saudade enorme. "... Até que enfim, acabou..."

Bom, eu só estou contando isso porque eu não sei muito bem, mas parece que ele tem quase a sua idade e eu juro que morro de pena dele, porque ele parece ser um homem bom, que lutou bastante para conquistar tudo que conquistou, e eu acho o fim dele (pelo menos ao que eu estou assistindo) um pouco triste.

Chato isso, né? Mas, para mim, você sabe que ainda sou nova, e se ele sair e algo acontecer, eu ainda tenho você!

Um Beijo, Denise

## CARTA DOS PAIS   (RECEBIDA DA FILHA DENISE)

Querido papai, oi!

Olhe aqui... A gente não quer de jeito nenhum deixá-lo sem graça com estas palavras. Sabemos que você não tolera badalação nem liga para isso, não.

Entretanto tenho uma dívida de carinho, de gratidão para com você. Por que cara legal, tá aí. O resto é conversa!

Quem é que já às seis horas da madrugada entra no quarto da gente, tropeçando nos sapatos que estão fora do lugar, e se preocupa em ver se estamos bem agasalhados e ainda aproveita pra dar-nos uma beijoca?

Que lá do escritório, todos os dias, toca o telefone só para perguntar: como é, tudo bem por aí? Quem é que chega à noitinha em casa, supercansado, mas com uma cara de alegre, bem-disposto, querendo saber como foi ou como não foi o nosso dia? Quem é que empurra para um lado a TV, e a desliga na hora do seu programa preferido, só para a gente conversar um pouco? E conversa feito cara a cara, sem recados. Fala-se de tudo: estudo, divórcio, amizade, família etc.

Sabe, pai, a gente vibra com esse amor, esse respeito com que você namora mamãe. E isso aí é um amor compromissado... Eterno, cheio de novidades, criativo. Outra coisa é essa presença constante em casa, sempre dando o melhor de si.

Cá entre nós, fica decretado que você é o pai mais fora de série. Por mais que a gente procure ficar desligado, querendo só sombra, água fresca e jornal sem letras, a gente está de olho em você.

Seus exemplos falam muito mais que a palavra, entende? Você é amigo, é irmão, é pai. De palavras a gente se esquece, o que fica é esse seu jeito de assumir a realidade tremenda. Seu modo de perdoar quando a gente erra. Sua firmeza em cumprir o dever e dar o direito a quem o merece. Você ama servindo. E a gente não pode amar de outro jeito.

Bom... Já que estamos economizando gasolina, a gente dá lá no final. Que o homem de nazareno, Jesus Cristo, seja a luz da sua vida e o amor de seu coração!

São os votos que a gente comunica nestes dias dos pais, com aquele abraço carinhoso de filhos.

## DIA DOS PAIS (RECEBIDA DO FILHO DANIEL)

Pai, antes de começar a escrever a minha parte, li as palavras da Denise e percebi que ela subiu a régua! Tudo muito bem escrito e que reflete tudo aquilo que penso.

Todo ano, quando precisamos comprar um presente a você, temos uma grande dificuldade em escolher algo. Você é um cara simples e que, graças a muito trabalho duro, conseguiu conquistar muita coisa!

Mas percebo que ver a família reunida é o maior presente que você nos pede.

Pai, olhe ao seu redor! Veja aonde você chegou!

Aquilo que você construiu!

Vejo o legado que você criou. Filho, netos, livros, alunos.

Pare e pense: quantas pessoas você impactou nessa vida? Uma vez eu fiz uma conta de quantas pessoas a mamãe já ajudou com a sacolinha. O número é fantástico, impressionante.

E você, já pensou nisso?

Quantos alunos? Quantos leitores de seus livros? Quantos funcionários?

São milhares de pessoas...

Eu teria muito orgulho se fosse você. Ou melhor, eu tenho muito orgulho de você!

Porque, no final das contas, são nossas experiências que ficam para sempre!

E como eu sempre digo: MEU PAI É FO..., EU SOU APENAS "FODI..."!!

Te amo muito!

Dan

## DIA DOS PAIS (RECEBIDA DO FILHO DENIS)

Pai, a maior prova de que aprendemos diariamente a amá-lo da forma como você é foi que, por nossa lista de possíveis presentes para o Dia dos Pais, passaram:

- 1 tela de cinema 4D com 50 pares de óculos;
- Utensílios domésticos que funcionariam a partir de um gatilho do desejo-fritador de ovos, preparador de suco de laranja, torradas para o café da manhã etc.
- 1 casal de pavões.

Enfim, objetivo que se parece com aqueles desejos que nunca conseguimos entender, mas que tentamos respeitar durante tantos anos!

Mas, após várias trocas de mensagens, num grupo absolutamente exclusivo, formado pelo seu verdadeiro LEGADO no mundo, decidimos que estas palavras também poderiam expressar o seu desejo de:

Deixar escritos PENSAMENTOS

Registrar em palavras MOMENTOS,

E exprimir AMOR em papel.

Por que temos tanta certeza de que, apesar de tantas desavenças e tantos aparentes desencontros, somos o seu maior LEGADO?

São 46 anos de trabalho árduo, sem direito à aposentadoria. Neste emprego você morrerá trabalhando, com certeza, que tanto é o seu desejo.

Aceitou trabalhar sem salário, *pro labore*, participar dos resultados, férias, décimo terceiro, benefício social, aposentadoria, enfim, não existe nenhuma lei que o proteja. Tornar-se vulnerável em troca do AMOR, do desejo de criar três seres humanos, amá-los, e acompanhá-los em sua jornada, sempre tentando estar o mais perto possível de nós.

Escolheu deixar no mundo seu LEGADO, sua continuidade, muito mais do que seu sobrenome, mas seu sorriso largo, seu olhar, suas manias, seus defeitos, sua inteligência e até mesmo sua agressividade. Enfim, escolheu espalhar-se através de nós.

Fácil?

Não! É tão difícil que muitas vezes lhe parece impossível.

Achamos que, na maioria das vezes, falta um pouco de clareza. Mas convidamos você a perceber suas características replicadas em nós:

Ética, que aparece naqueles momentos em que você nos chama de "freiras", porque nossa opção é por recolher os impostos e continuar acreditando que é melhor seguir as regras;

Espírito Empreendedor na filha que foi vender sanduíches na rua, nos filhos que toparam desbravar a Suécia desconhecida, no filho que monta duas lojas do Subway como segunda fonte de renda, no filho que toca bateria em blocos de rua, enfim, são tantos exemplos.

Esforço incansável em trabalhar, em acreditar que vale a pena, em não medir esforços para alcançar os objetivos, mesmo que um deles seja fazer com que seu pai tire mais período de férias.

Resiliência em aceitar o que está dado e tocar a vida, mas sempre tendo aquele direito a reclamar, a se colocar no lugar de vítima, mas seguindo em frente. Afinal de contas, você se casou com a mais otimista das mulheres, tenho certeza de que foi para neutralizar isso.

Amor no casamento, na família, no trabalho e nos estudos.

Bom filho, aquele que cuida, que tenta melhorar a vida de seus pais, que vigia se eles estão comendo mais açúcar do que deveriam ou desrespeitam alguma regra que já foi combinada como não permitida.

Acho que existem muito mais deles em nós, e é por isso que nunca desistimos de tentar melhorá-los. Nunca estamos satisfeitos em te amar simplesmente do jeito que você é, sempre brigamos para que você fosse um pouco mais do que nós desejamos. SOMOS UM POUCO DO SEU DESEJO de mudar, de amar e de sempre CONTINUAR.

13/8/2017

## PAI (RECEBIDA DO FILHO DENIS)

Você sabe que eu gosto muito de escrever também. Não tenho o seu dom da poesia, mas adoro as palavras para enviar as minhas mensagens.

Já são 42 anos que você é o meu pai. Há quanto tempo você é meu modelo, o meu exemplo a ser seguido.

O que lembro muito da infância é a mão biônica, jogar bola com você... Lembro que você era craque, usava as duas pernas... Gostava de ver você jogar com os professores, ir para a praia e você me levar até a água, enfim, as brincadeiras que mais marcaram. Lembro que meu pai trabalhava bastante. Nunca vou esquecer que, todo sábado de manhã, lá estava você na mesa da cozinha, com sua máquina de escrever, fazendo exercícios, corrigindo provas, rodando as provas no mimeógrafo. Eu adorava ajudar você nessa parte. Também passava notas com você.

Daí veio a fase da dissertação de mestrado e você trazia o Getúlio e ficavam horas no Salão, em frente ao CP500, que seria uma relíquia hoje, preparando o programa para fazer as análises de crédito.

Não esqueço, o Getúlio ficava até tarde, comia pizza com a gente. Veio a apresentação da dissertação e você, por ironia do destino, estava engessado. Lá estava você, sempre esforçado, fazendo a sua apresentação, brilhante, aprovada.

Cara, você é o pai do exemplo. Você ama a gente incondicionalmente. Mas desde muito pequeno sacou que a sua única saída era trabalhar muito. Não tinha alternativa. E lá foi você e realmente fez isso à exaustão, nem que tivesse que sacrificar outras coisas, mas era a alternativa. Como criticá-lo por não ter ido a uma festinha na escola? Hoje, como pai, e que também sabe o peso da responsabilidade sobre as costas, entendo você perfeitamente. Você estava pavimentando a estrada para nós passarmos depois. Paciência. Era necessário. Você nos ama, isso é que importa. Sempre foi um pai que nos colocou num lugar especial, preocupado em nos preparar para um futuro que dependeria da gente. Mostrando para nós o que é ser honesto, trabalhador, esforçado, resiliente, paciente. Pai, você é o cara! Mostrou o que é amar de verdade uma mulher. Você já é casado há quase 50 anos com essa princesa.

Lembro que quando vocês 50 anos atrás gravaram filmes e tal exemplo era muito valorizado, frisávamos muito a ausência. Que ausência? Você estava lá, não fisicamente, mas estava lá. Que injustiça, a minha, a nossa. Quero aproveitar hoje para me desculpar com você. Sendo pai há 14 anos e estando vestido sob o manto da responsabilidade, entendo você cada dia mais um pouco.

Pai, aproveite o seu dia! Aproveite os seus netos! Eles são a nossa extensão e a oportunidade de você curtir uma criançada que infelizmente passou, mas eu entendo. Você estava educando pelos excelentes exemplos.

Te amo muito!!

Denis.

## DISCURSO - MEUS 60 ANOS (RECEBIDA DO FILHO DANIEL)

O pai moderno, muitas vezes perplexo e angustiado, passa a vida inteira correndo como um louco em busca do futuro e esquecendo-se do agora. Nessa luta, renuncia ao presente.

Com prazer e orgulho, a cada ano, preenche sua declaração de imposto de renda. Cada nova linha acrescida foi produto de muito trabalho. Tudo isso que ele possui lhe custou dias, semanas, meses de luta. Mas ele está sedimentando o futuro de sua família. Se partir de repente, já cumpriu sua missão e não vai deixá-la desamparada. Para ir escrevendo cada vez mais linhas na sua declaração de bens, ele não se contenta com um emprego só – é preciso ter dois, três, vender férias, levar serviço para casa. É tal de viajar, almoçar fora, fazer reuniões, preencher a agenda – afinal, ele, um executivo dinâmico, não pode fraquejar.

Esse homem se esquece de que a verdadeira declaração de bens, o valor que efetivamente conta, está em outra página do formulário do imposto de renda, naquelas modestas linhas quase escondidas, onde se lê: Relação de Dependentes. São os filhos e netos que colocou no mundo, a quem deve dedicar o melhor do seu tempo.

Os filhos, não tão novos demais, estão preocupados em aumentar essas tais linhas do Imposto de Renda também. Mas por terem um pai que se preocupa tanto com isso, e de certa forma se mostra cada vez mais cansado com essa "correria", eles agora querem um pai para conviver, dialogar, aprender. Os anos passaram, PAI, os filhos cresceram. E você nem percebeu, porque se entregou de tal forma à construção do futuro que não participou de algumas pequenas alegrias da vida, como festas infantis, aniversários de amigos da escola. Um executivo não deve desviar sua atenção para essas bobagens. São coisas para desocupados.

Agora, seria muita injustiça de minha parte não lhe dizer "muito obrigado". Se hoje pude adaptar este depoimento do jornalista Hélio Fraga, foi porque alguém me deu condições para isso. Se hoje sei QUALQUER coisa, foi porque tive exemplos maravilhosos dentro da minha casa, exemplos de pessoas que batalham na vida e que nunca desistem nos momentos ruins. Essas pessoas são VOCÊ, MINHA MÃE, DENISE e DENIS.

Portanto lembra-se daquele artigo que lhe entreguei dizendo que todos os pais deveriam escrever um livro aos filhos com todas as experiências vividas e todos os aprendizados que eles obtiveram na vida?

Faça isso! Chegou a hora de você nos ENSINAR, da mesma maneira que você ensina seus alunos todos os dias na faculdade.

Chegou a hora de você DESCANSAR... É claro que eu não quero que você largue tudo... Mas descansar é fazer coisas de que você goste e com as quais você se sinta bem... E a única coisa que eu MAIS sei no momento é que a FELICIDADE anda um pouco distante de você.

Eu te amo demais e muito obrigado por tudo isso.

Daniel Morante.

## MEU QUERIDO PAI

Meu querido pai,

Demorou, mas queria muito escrever a você, depois desta jornada pela qual passamos juntos. Sabe que chego à conclusão de que você é uma pessoa com muita sorte. Por vários motivos, mas um dos que me chamaram a atenção foi o seguinte: quando menino, tive muito exemplo do meu pai, mas infelizmente tínhamos pouco tempo livre de conversar, jogar uma bola, chupar sorvete... Você estava focado, trabalhando, e hoje entendo mais ainda (como pai), tentando dar um futuro que você definiu como digno para seus filhos, pagando as contas que eram muitas e você um só... Pai, você foi digno e honesto nesse aspecto... Tinha que fazer e fez muito, e bem, mas realmente sacrificamos uma fase importante da relação pai e filho... Mas Deus, que é sábio e é pai, deu-nos justamente uma oportunidade profissional para nos aproximarmos ainda mais e admirar ainda mais o outro. É assim que saio deste processo... Mais e mais admirador e orgulhoso de ser seu filho, pois você é honesto, trabalhador, inteligente, astuto, enfim, reúne todas as características de um grande empresário. Valeu pai, valeu muito!

Este projeto não apenas significa muito para mim como pessoa, mas também como profissional... Salvou minha pele aqui dentro, pois estou rodeado de uns moleques que viraram chefes e me colocaram ano passado na lista de prioridades: chuta o cara e precisavam ver que estavam sendo injustos, e agora, não admitem, mas estão de bico calado.

Enfim, pai, valeu mesmo... Acho que ambos somos caras de sorte, pois ter uma oportunidade dessas não é para todos, e ainda fechar com chave-de-ouro, então...

Sei que não tenho toda essa capacidade, mas lhe daria um conselho: a partir de agora, aproveite a vida, curta sua família, seus netos, sua mãe, sua tia, seus irmãos, seus amigos, faça o bem, faça trabalho voluntário, dedique sua inteligência para ensinar jovens, enfim, você concluiu, e muito bem, uma fase de vida, continue agora e busque novos desafios pessoais, familiares etc. Aproveite toda esta sorte que Deus lhe deu e agora aja em prol da humanidade! Tenho certeza de que você vai ser ainda mais feliz do que foi até agora.

Valeu! Te amo muito e saiba que sou seu admirador e aprendi e aprendo demais com você.

Denis.

26/5/2010

## MEUS PARABÉNS

Bom, estou fazendo esta carta no computador, pois como você já sabe, tenho uma péssima letra. Sei que é muito impessoal, mas não pensei em outro modo.

Sabe, pai, apesar de todas as brigas, discussões, decepções e tudo que já passamos juntos, tenho você como um mestre, apesar de muitas vezes não seguir seus conselhos.

Eu gostaria de dizer que a cada dia sou mais grato e passo a admirá-lo mais ainda, pois, até o momento, eu não havia percebido o quanto você se desgasta e se doa para poder nos dar uma condição boa.

Olhe, pai, desculpe-me por todas as cagadas que já cometi, por não gostar tanto de estudar e por não poder dar toda a felicidade que você merece.

Entenda que, às vezes, faço coisas sem pensar e, por causa deste meu jeito, acabo cometendo erros idiotas.

Mas isso não tem nada a ver com a ocasião. Portanto eu gostaria de dizer, apesar de estar escrevendo, já que não há coragem para dizer tudo isso.

Parabéns, de coração, felicidades, e que essa data se repita umas 325 vezes para podermos brigar mais ainda, e para eu poder aprender muitas outras coisas com você.

Pai, MUITO OBRIGADO por esta oportunidade. Pretendo tirar muitas coisas disso para o meu sucesso na vida.

De alguém que tem o seu nome e sua imagem dentro do coração, Daniel.

OBS.: desculpe por não comprar um presente, mas eu ainda sou muito pobre.

Te amo muito!

## PAI, FILHO E UM MAL-ENTENDIDO

Fique tranquilo, que você não precisará mandar mais depois destes $ 15.000. Como eu estava dando muito trabalho a você, tomei uma decisão que lhe contaria nas próximas semanas. Pedi o empréstimo da faculdade para cobrir todos os gastos até o final. Já liberaram $ 10.150 e, após junho, liberam mais $ 54.000.

Não estou de forma alguma dispensando a sua ajuda, mas é que toda esta burocracia para fazer remessas, além do fato que deve ser um tremendo desfalque na sua conta ficar mandando uns $ 36.000 a cada tacada. Depois de formado, se eu estiver fodido e devendo este empréstimo, fique tranquilo que eu pedirei sua ajuda. Quanto a todo empréstimo que você já me fez (R$ 123.500, incluindo os $ 15.000 de hoje), pagarei conforme havia combinado com você, ou seja, juros de mercado e na mesma toada do empréstimo que a escola já me deu.

Pai, tomei esta decisão principalmente depois do dia em que acabamos brigando por causa disto pelo telefone. Achei que seria mais simples pegar o dinheiro emprestado da faculdade e, qualquer merda lá na frente, você me ajuda, se for necessário. Sci que você duvida, mas não entrei nesta brincadeira para não pagar, e mandar a conta para você depois. Não vou dispensar ajuda se precisar, mas quero pagar cada $$ que estou gastando aqui. A "mamata" da Suécia não vai se repetir. Já estou crescido, casado, etc.

Muito, muito, muito... obrigado pela ajuda dada até agora. Você é realmente um SUPERPAI. Tem colega meu aqui que ou vai sozinho ou não vai, pois não tem a sorte de ter um pai preocupado e disposto a ajudar como o meu.

Desculpa não ter falado isto pessoalmente para você quando fui aí, mas é que queria evitar mais discussões acaloradas. Acho que isto não pode ser motivo para brigarmos, de forma alguma. Prefiro escrever, pois ficamos mais serenos.

Qualquer coisa ligue aqui para a gente conversar ou depois conversamos melhor no final de semana!

Beijos e obrigado.

Denis.- 1.4.2000

**DENIS, 2/abril**
Quando vi a sua mensagem, fiquei bastante magoado. Quando você diz que não esperava isto de mim, tenho a sensação de que você está se sentindo traído por mim. Acho que você está exagerando um pouco na reação. Como sempre disse, concordei em pegar o $ emprestado de você por motivo simplesmente de maior flexibilidade (evito ter que fazer remessas mensais para os EUA e eliminar o risco cambial), pois pagarei

todo o custo. Nunca vi esse empréstimo como um presente. Como já disse, não estou dispensando a sua ajuda... Talvez esteja postergando-a... Pois se no futuro próximo eu ficar inadimplente, aí você me ajuda... Mas, de novo, sempre, sempre terei o compromisso de repagar com juros como manda o figurino... Sempre lhe disse que isso funcionaria como se você estivesse com parte do seu dinheiro aplicado com diminuição de liquidez, já que não posso repagar a qualquer momento. O que estou fazendo é simplesmente para aliviá-lo... Sei que você tem milhões de preocupações diárias, e essa passou a ser mais uma, injustamente, pois eu tenho a opção de fazer o empréstimo aqui e não dar para você essa dor de cabeça. Logo, quero simplesmente dizer que não acho que isso é motivo para que você fique profundamente decepcionado e com o sentimento de traição. Estou simplesmente administrando a dívida e não quero que você se sinta ofendido por isso... Pelo contrário... Você deveria ficar orgulhoso de ter certeza de que o seu filho é adulto e responsável... Que vai ralar o couro para pagar o seu próprio curso como manda o figurino... Afinal, por mais $ que você tivesse, não é justo eu ganhar esse tamanho presentão, sendo que os meus irmãos não tiveram e, além disso, já está na hora de eu pagar pelas minhas opções de vida. Bem, espero que você entenda e tenha certeza de que o seu *e-mail* não passou de uma reação além da conta. Milhões de beijos e abraços do seu filho que te ama, te admira e te respeita.
Denis.

**Resposta de Morante - 3/abril**
Denis, em primeiro lugar eu acho que nunca briguei com você por dinheiro. Eu apenas não estava aceitando sua insistência em orientar-me sobre a aplicação do dinheiro, porque sei dos impedimentos que tenho para fazê-lo, de ordem legal. Quando você aqui vier, vou mostrar-lhe dois exemplos envolvendo IR e CPMF – um deles inclusive é o do tio Marinho. Levou um puta ferro!

Sempre imaginei que, em falando para você não se preocupar com o "estilo" de aplicação, você entenderia, ou pelo menos respeitaria. Mas você insistia tanto que um dia acabou me exaltando, mas foi apenas com isso ou sobre isso. Nada mais!

O que fiz então foi "reservar" a importância, inclusive adquirindo em espécie, e da forma como sempre gostei, considerei a conta paga, tendo o saldo já GUARDADO.

Eu estava estranhando seu silêncio e suas evasivas. Tenho até comentado com sua mãe, até que decidi testar o silêncio, enviando, sem consultar você, o valor da última parcela.

Agora, se você acha que é correto não me falar nada, agindo contra o que nós dois combinamos sempre, então fique com sua posição! O que vou fazer? Eu pensei que nós dois sempre resolveríamos esse assunto, desde que um dia eu lhe prometi ajuda.

Mas tudo bem, vamos parar por aqui, senão ficaremos escrevendo páginas e páginas. Você não precisa me provar nada, nem como filho, nem como profissional, nem como cidadão.

Todos os meus esforços, até os que vocês consideram exagero, têm sido para vocês.

Grande abraço.

## PAI

Querido pai, quando iniciei o meu curso de Family Business em janeiro, o professor nos perguntou por que havíamos decidido nos matricular no curso. Minha resposta naquela época foi que o meu interesse vinha do fato de que várias empresas brasileiras são familiares e que certamente eu estaria envolvido com elas durante a minha vida profissional, fosse como empregado ou prestador de serviços. Porém, durante o semestre, eu me dei conta de que eu tinha um negócio familiar em minha própria casa, para minha própria surpresa. Como eu tinha um projeto final para entregar, eu decidi que deveria utilizar todo o conhecimento que havia adquirido e toda a minha energia para ajudá-lo em vez de analisar qualquer outro caso de empresa familiar brasileira. Agora que meu projeto está praticamente finalizado, posso dizer com sinceridade que estou muito satisfeito de ter escolhido o Grupo FB como objeto de minha análise.

Como a nossa família não se comporta como proprietária do Grupo FB, eu me tornei bastante alheio ao desenvolvimento das empresas após o meu estágio, em 1993. Agora, estou positivamente surpreso por ver, em números, o quanto as empresas evoluíram desde então. Você certamente foi o "motor" responsável por todo esse crescimento. Pai, você gerencia um grupo que fatura R$ 56 milhões e tenho quase certeza de que esses números eram inferiores ou próximos a R$ 20 milhões quando você chegou, também em 1993. É realmente impressionante e me deixa ainda mais orgulhoso de você.

Além disso, sua marca não se traduziu somente em números, conforme a Denise e o Daniel mostram em seus questionários. Todos os valores cruciais que guiam a nossa família, e que nos foram transmitidos por você e pela mamãe, são largamente difundidos nas empresas.

Pai, eu realmente quero parabenizá-lo! Se eu conseguir chegar próximo ao que você foi capaz de fazer durante a minha vida profissional, eu certamente me considerarei um vencedor, e você, portanto, merece o mesmo adjetivo: vencedor.

Bem, eu sei que você deve estar curioso sobre os resultados do projeto. Afinal, estou escrevendo para um professor universitário que é intelectualmente curioso. Então vamos aos meus comentários.

Em linhas gerais, posso lhe dizer que tive outra surpresa muito positiva. Eu acredito firmemente que uma forte base familiar foi construída e que há apenas alguns itens a serem adicionados à mesma. Durante o semestre, nós tivemos a oportunidade de estudar diversos casos de empresas familiares, as bem-sucedidas e as malsucedidas.

Deixe-me contar sobre um exemplo de sucesso: a família Smucker. Eu reconheço que o nome é deveras estranho, mas vale a análise. Essa família possui um negócio de alimentos, produzindo geleias nos EUA. Essa empresa surgiu há mais de 90 anos e está em sua 4ª geração, enquanto a 5ª geração já está sendo preparada através de estágios. Por exemplo, eles possuem um programa que determina que todos os seus garotos têm que absorver o negócio de geleias desde a infância. Eles também têm que encontrar todos os 1.500 funcionários da empresa. Eles têm crescido através de aquisições, porém em velocidade reduzida, já que fazem questão de transmitir os seus fortes valores às empresas adquiridas.

A partir da nossa análise, eles claramente foram capazes de construir um negócio dominante em uma indústria dominada por gigantes, devido à forte cultura familiar que lhes permitiu vantagens competitivas.

Como lhe disse, também analisamos alguns casos de completo fracasso. As razões para o insucesso dessas empresas foram distintas, porém nunca estavam relacionadas aos negócios ou à indústria. Geralmente, o insucesso nascia de problemas familiares. Deixe-me expor alguns exemplos:

Um pai competindo com seu próprio filho pela liderança da empresa é claramente um problema de mau gerenciamento de expectativas e do plano de sucessão.

Pessoas incompetentes da família assumindo posições de liderança na empresa devido à não definição de critérios para envolvimento da família nos negócios.

Familiares chorando por nunca terem sido convidados a trabalhar na empresa: devido à má comunicação e gerenciamento de expectativas.

A partir de minha análise, vejo que Grupo FB aparentemente não sofre dessas disfunções, e certamente possui bases para se tornar uma empresa do tipo "Smucker". No entanto, independentemente da existência de uma boa base, há um fator que merece ser endereçado antes que qualquer outra ação seja tomada, esse fator é a distribuição acionária do grupo.

Minha percepção é de que o negócio do Grupo FB não é capital intensivo. Portanto, ao se iniciar o negócio, em 1986, provavelmente o montante de capital investido não foi significativo. Após o início do negócio e da aquisição dos primeiros clientes, então se tornou um problema de gerenciamento de capital de giro, para que se obtenham mais e mais clientes; portanto, um ciclo virtuoso. Após essa fase inicial, bancos também serão grandes impulsionadores do negócio, através da concessão de contratos de *leasing* e de empréstimos de curto prazo. Em resumo, minha visão é de que o negócio do Grupo FB é construído com talento gerencial. E isso é exatamente o que realmente permite o crescimento do negócio, não o investimento de capital. Exatamente por essa razão, diversos executivos deixam seus empregos e iniciam empresas similares às de vocês, fazendo uso somente de seus pacotes de demissão. Se você concordar comigo nesses pontos, você também concordará comigo que talento gerencial foi exatamente a sua contribuição ao grupo, o que permitiu todo esse crescimento, durante os últimos 11 anos de sua intensa participação como executiva-chave do grupo. Se você novamente concordar comigo, você também reconhecerá que tudo o que você fez ao longo desses anos vale mais do que 20% do negócio. Estou convencido de que isso é exatamente o que você quis dizer em seu questionário, quando disse: "Eu não estou satisfeito com a sociedade que tenho".

Portanto a minha pergunta é: Você acha que estaria mais satisfeito se houvesse uma mudança na distribuição acionária? Se sua resposta for afirmativa, eu gostaria de lhe dar algumas sugestões sobre um processo que poderia ser utilizado para endereçar esse fator, assim como também vou sugerir alguns cenários de distribuição acionária. Meus professores desse curso me ensinaram que sempre precisamos de um bom processo para atingir o que desejamos. Em termos do que você realmente deseja obter com um processo de discussão sobre a distribuição acionária, vou lhe dar algumas sugestões, mas estou convencido de que isso depende única e exclusivamente de você, de suas aspirações, desejos, do clima nas empresas e algumas outras variáveis que desconheço. Minhas sugestões quanto aos percentuais são as seguintes:

Somente Fauzi: o Fauzi compraria os seus atuais 20% de modo a solucionar a desigualdade atual entre participação acionária e efetiva construção do negócio. Você perseguiria outros objetivos pessoais e profissionais. Você poderia inclusive se tornar um membro de Conselho de Administração remunerado.

Somente você: você adquiriria os 80% do Fauzi, pagando-o em parcelas anuais. Você certamente teria os seus três filhos ao seu lado para enfrentar tal desafio, incluo-me em tal grupo 50-50: o Fauzi reconhece tudo o que falei previamente quanto à sua real contribuição e vende 30% das ações do Grupo a você para que vocês se tornem sócios igualitários. Dessa forma, estou convicto de que você passaria a contribuir para o negócio com maior satisfação.

Essas simples sugestões provavelmente já lhe ocorreram. Provavelmente, você possui inclusive sugestões melhores, por conhecer a situação muito melhor do que eu. A minha conclusão convicta é de que a situação atual precisa mudar, não importa como.

Com relação ao processo que utilizaríamos para discutir o assunto, a melhor sugestão que posso lhe dar é outro conjunto de ferramentas que aprendi também em Wharton. Você se lembra de que, em janeiro, comentei com você que estava muito animado com o curso de negociação que iniciaria na escola? Eu lhe contei que teria aulas com o professor Diamond, um dos melhores nessa área na escola. Bem, o curso atendeu e superou as minhas expectativas. O professor é muito bom e nos fornece ferramentas poderosas para negociar. Uma das ferramentas que ele nos ensinou é o Modelo de Preparação dos Quatro Quadrantes. A partir desse modelo, o negociador se prepara extensivamente, incluindo também uma negociação simulada em que somos forçados a tomar o lugar de nosso oponente, de modo a obter mais informações antes de negociar.

Eu sinceramente acredito que se você decidir levar esse processo de mudança adiante, e utilizando esse modelo, você provavelmente atingiria os seus objetivos. Sei também que você tem negócios durante toda a sua vida profissional e deve estar se dizendo que já conhece todas essas táticas. Porém, também sei que você, aos 58 anos, está se preparando para obter o seu doutorado, o que indica que você está sempre pronto a aprender novidades para garantir o seu sucesso.

Pai, tudo o que estou sugerindo reflete a minha visão sobre o Grupo. Acredito que após uma mudança na distribuição acionária, se houver uma, estaríamos aptos a analisar as minhas outras sugestões constantes do projeto. Estou convencido de que tudo o que aprendi durante este curso, somado a toda a sua experiência, poderia se tornar muito valioso na promoção de mudanças.

Bem, como lhe disse antes, preparar esse projeto e trabalhar em sugestões sólidas para vocês foi um ótimo aprendizado. Espero que, após a sua leitura desta carta e do projeto, possamos continuar a trabalhar nisso e olhar para o meu trabalho sob a seguinte perspectiva: tentei utilizar o melhor do meu conhecimento e inteligência para realmente construir boas recomendações para ajudá-lo a tornar os seus negócios ainda mais gloriosos. Pai, novamente, sempre fui e continuarei sendo muito orgulhoso de tudo o que você fez ao Grupo FB.

Sem mais,

Denis.

## REGRAS E CONSELHOS - DO FILHO DANIEL

1. Críticas pessoais - com portas fechadas.
2. Nunca misturar pessoal x profissional em público.
3. Antes de anunciar qualquer mudança, nos comunicar antes, não ter discussões em público.
4. Respeito mútuo.
5. Devemos ter um ponto de equilíbrio.
6. Não podemos mostrar (divisão) em público. Para todos os outros, apoiamos todas as decisões de um de nós. Mostra fraqueza + quebra e despreparo.
7. ASM tem mais experiência. Denise e Daniel precisam ouvir mais. ASM também tem que ouvir, pois ele não é DEUS.
8. Não vamos perder nosso pai, mas podemos perder nosso emprego.
9. A empresa não é nossa, não somos donos.
10. Iremos mudar nossa conduta, já percebemos que estamos indo para o lugar errado.
11. Daniel – Está metido? Com o rei na barriga? Não acho que sou "mauricinho", não conheço um menino na FAAP que o pai é dono de empresa e tem o mesmo ritmo.
12. Denise: fala muito – se envolve demais pessoalmente – grita?
13. O que você quer de nós? Futuro, plano de carreira, ambos, prazos, sucessão.

## PARABÉNS, PAI!

Pai, eu sei que mais de uma vez eu reclamei para você que nós não tínhamos passado tempo suficiente juntos realmente. Eu acho que gostaria de estar mais tempo com você, mas sei que os motivos são perfeitamente justificados.

Eu queria que nunca esquecesse que você tem sido um dos melhores pais do mundo, um grande exemplo, não só para mim, mas para todos nós, e que EU TE AMO!

Tô morrendo de saudades de nós, de nos abraçarmos mais e espero que quando eu voltar nós possamos fazer bastante isso! Mas em todo o caso tô com uma especial saudade do nosso abraço de aniversário – quando trocamos os parabéns, que eu acho engraçado!

E vou me transformar em alguém genial e legal como você.

Como a gente nasceu no mesmo dia, acho que eu tenho alguma chance. O que você acha?

Parabéns! Parabéns!

Te amo um montão!

(Pode deixar que quando eu voltar eu vou falar isso no seu ouvido, sempre tenho vontade).

Um beijão da sempre,

Sua filha.

PS: aproveita porque faz 23 anos que você não escolhe o sabor do bolo...

Denise, 26/abril/1994

## ALGUMAS SITUAÇÕES COMO COORDENADOR DE CURSO

## MANIFESTAÇÕES DE ALGUNS AMIGOS

### CARTA DE UM AMIGO (RECEBIDA DE UM DOS MAIORES AMIGOS)

Caros amigos, ontem, quando o Morante me ligou, não consegui terminar o diálogo, pois caí num choro compulsivo, na frente de muita gente. Há muitos meses eu não chorava, mas dessa vez não foi um choro de dor, tristeza, angústia ou sofrimento, como foram durante muito tempo, mas chorei de emoção, difícil de explicar ou definir, mas sei que foi de emoção.

A minha reação primeira seria de recusar, não aceitar um presente, até mesmo por purgação e autopunição, como sempre fiz, mas dessa vez foi diferente. Vim a aceitá-lo de forma bem-vinda.

Numa fração de segundo, veio à minha mente uma possibilidade de usar esse presente, dessa vez não para utilizá-lo de forma prazerosa, futilmente, de mão aberta e sem mensurar as consequências. Mas senti a possibilidade de usá-lo para resgatar, ou melhor, tentar reconstruir uma situação que eu joguei fora, que é a minha cidadania, e voltar a ser uma pessoa social.

E isso vai ser utilizado para iniciar uma reconstrução de um ser que possa viver em sociedade, limpar meu nome, regularizar minha profissão, ter a possibilidade de voltar a possuir um talão de cheques, ter novamente um convênio médico, ser um motorista devidamente habilitado e conseguir arrumar meus dentes, para sorrir de boca aberta. Há outras coisas que eu fui jogando fora, mas tenho que ter calma, um passo de cada vez.

Rose,
Você é uma pessoa que não somente utiliza sua grande capacidade profissional, mas uma humanista que se envolve com as pessoas que a cercam.

Procura sempre fazer com que todos cresçam, faz e desfaz, aprende e ensina usando sua candura, simpatia, beleza, atenção, bom humor e força interior, para o bem de todos.

Victor,
Amigo Victor, seu sentido de vida, além do aspecto profissional, é a solidariedade que serve de exemplo para mim.

Sempre colocando o que deve ser feito e não o que deveria ou poderia ser feito.

Morante,
Acredito que ninguém conseguiria conceituar ou definir o que você é. Por mais que queiramos, acho que nunca ninguém vai conseguir. É o homem que consegue transformar quaisquer adversidades, obstáculos e crises em algo que seja útil e progressista. De repente, quando tudo parece um caos, você consegue fazer com que isso seja uma alavanca e tornar as coisas fáceis.

O mais importante é a forma e seus objetivos para que as pessoas cresçam, não as forjando, mas fazendo com que elas sigam os seus caminhos, após passarem todas as fases pelas quais um dia você passou: sofrendo, trabalhando e ao mesmo tempo se alegrando com as conquistas.

Curioso é que nunca cobrou ou pediu nada em troca, apenas espera que, após ensinar, cada um possa fazer sua parte.

Aos amigos, Fauzi, Neuza, Armando, Cristina, Maria, Gilberto, Daniel, Denise, Nair (que me deu uma palavra de apoio fundamental), Toscano (que esteve sempre atento e preocupado), aos motoristas, enfim, a todos, quer direta ou indiretamente, fizeram com que estivesse vivo para poder estar escrevendo isto hoje.

Não tenho nada a oferecer e desta vez também não quero prometer que vou fazer isso ou aquilo, como sempre fiz, apenas sei que tenho que fazer e praticar, mas tenho que ser profundamente grato a todos vocês!

Ontem estava dando um depoimento e veio uma historinha à mente que eu não sei de onde surgiu, mas era mais ou menos assim:

*"Vestidinho azul"*
*Uma menininha que morava numa favela era uma criança muito linda, viva, esperta e inteligente. Lá há uma escola, e eu em outra cidade caminhado quilômetros.*

*Porém, vivia maltrapilha, suja, remelenta, nariz escorrendo, cabelos desarrumados e toda desleixada.*

*Um professor via que ela era estudiosa e dedicada, e ficou condoído com a situação da menina, por isso foi ao fundo do baú e pegou dois metros de cetim azul. Pediu para sua mulher fazer um vestidinho (azul). A menina, numa felicidade enorme, na mesma hora colocou o vestido e foi para seu barraco. A mãe dela ficou encantada ao ver a menina com o vestido e achou que ela deveria estar arrumada e limpa para fazer jus ao vestido. Foi ao córrego e deu um banho na menina e arrumou seu cabelo. Ao colocar o vestido, a menina resplandeceu. O pai estava dormindo e, ao ver a menina, ficou envergonhado com a bagunça que estava o barraco. Levantou e resolveu arrumar a casa, pegou um pouco de cal e pintou o barraco, deixando-o simples, é verdade, mas limpo e arrumado. A mãe lavou tudo, limpou-o por completo e começou a dar e tomar banho. Os vizinhos, vendo que seus barracos estavam destoando, resolveram fazer o mesmo, e em pouco tempo todos os barracos estavam limpos, arrumados e com um jardinzinho na frente.*

*O prefeito um dia foi lá, à caça de votos, e viu a favela toda arrumada e pintada, e isso fez com que o prefeito ficasse envergonhado. Mandou homens que fizeram as ruas, calçadas canalizando o esgoto, que era a céu aberto, e pediu à companhia de força para colocar luz e energia no local.*

*Um fazendeiro passou pelo lugar e se encantou com a beleza, simplicidade e alegria dos moradores, e viu que ali dava uma fruta em abundância e resolveu ordenar a plantação, construindo uma fabriqueta de suco e sorvetes com utilização da fruta local.*

*Quase todos os habitantes hoje trabalham e gerenciam a fábrica, que está em franca expansão. A menina conseguiu formar-se em Medicina e, em vez de usufruir de sua profissão, resolveu ir morar na agora cidadezinha e montou um pequeno posto de saúde, que hoje é um hospital.*
*O professor, já velho, aposentado e bem doente, lembrou-se da menina e foi até a localidade e surpreendeu-se com o progresso, educação e beleza dos moradores. Indo à praça, ele viu uma placa de bronze onde estava escrito o nome dele e, logo abaixo, a frase "Vestidinho Azul". Ele sentou-se ao lado da placa e abriu um largo sorriso e, como já estava muito doente, faleceu no local. Não houve jeito de conseguirem tirar aquele sorriso de sua face, mesmo depois de estar no caixão, e foi enterrado assim.*
*Talvez esse presente que estão me dando seja meu "vestidinho azul"!*

A todos vocês do Grupo FB, tenham a certeza (posso falar isso) que salvaram a minha vida! E quem salva uma vida, na verdade, salva o mundo.

Que Deus e seu Filho abençoem, protejam e deem força e saúde a todos vocês, para que todos possam continuar nossas vidas!

Um feliz Natal!

Paulo Sérgio Ricoy Fabris

## PAI, MEU HERÓI, PORÉM HUMANO

Pai,

Sei que nos últimos tempos nossos contratempos têm sido bastante desgastantes para nós.

Sei também que deve ser muito difícil ver o tempo passar tão rápido, o filho crescer mais rápido ainda e, enfim, a vida mudar o percurso. Afinal, o tempo cria caminhos talvez diferentes daqueles que imaginávamos.

Ser pai é ser herói, pelo menos tenho certeza de que é dessa maneira que todo filho ao nascer vê aquele homem capaz de Criar, Construir, Proteger, Amar, Desenvolver os filhos, enfim, a família.

Você é também filho e pode compartilhar comigo, sua "menina" de hoje 37 anos, como é difícil para uma filha descobrir ou aceitar que o seu herói é HUMANO!

Amá-lo como humano, respeitá-lo como humano e, o mais difícil, aceitar todas as imperfeições que o ser humano traz consigo. Todo ser humano traz... Mas não o pai herói dela...

Não aceitar e continuar a idealizar o herói acaba trazendo algumas consequências: a briga constante consigo mesma e com o humano, tentando modificá-lo para aquele herói que existia para a "menina".

Esperar todos os dias que ele reconheça nela suas qualidades, suas mágicas qualidades, que ela tanto ama nele até hoje.

Esperar do herói cinco minutos de atenção exclusiva, como se só existisse naqueles cinco minutos para ele: ELA...

Apesar do tempo, da maturidade, da vida, eu ainda tenho comigo o HERÓI e venho tentando todos os dias amar o humano como eu amo o herói... É impressionante como uma coisa que poderia ser simples pode ser tão difícil!

Eu te amo muito, mas muito mesmo...

Você não sabe como até hoje tudo o que você fala para mim a meu respeito é importante e o quanto esses cinco minutos de exclusividade são mais importantes, ainda para quem precisa de alguma forma transformar um herói em humano.

Daquela que talvez até para nascer se esforçou para ser a mais parecida com o maior homem do mundo, o primeiro, o único (mesmo que hoje eu seja tão privilegiada de tantos irmãos, marido e filhos), você foi e sempre será o primeiro!

Denise. Agosto/2008

## ROSI (PARA MORANTE)

Hoje tenho como missão escrever algo para alguém que faz a diferença na minha vida dentro da organização. Vários fazem e fizeram, mas alguém em especial levará estas palavras de agradecimento. Nem sei se agradecimento seria a palavra correta, talvez pudesse substituí-la por admiração.

Admirar alguém é mais importante que ter qualquer outro sentimento, pois ele vem acrescido dos demais sentimentos, está recheado de afeto, orgulho, honestidade, austeridade. Quando admiramos alguém, aprendemos com ele, imitamos as qualidades e transformamos o que temos de pior ou melhor.

Foi assim que aprendi a ser todos esses anos e ainda estou aprendendo.

Mas gostaria de dizer-lhe que a felicidade deveria estar mais presente em sua vida. Creio que, com todas as conquistas que teve, perdeu o sabor da vitória, não deixe que a "normalidade" faça parte das grandes conquistas. Você continua vencedor!

Tem muito a ensinar e nós precisamos aprender.

Rosi Ciasi. 17/outubro/2009. Manhã, 11h00

## TALVEZ UM SONHO!

Imaginei outro dia a possibilidade de conversar com todos os nossos 3.500 funcionários. Loucura, ou um sonho mesmo?

Por que não tentar? Isso nos faz falta: saber o que pensam os colaboradores, como reagem os funcionários diante das ordens que recebem, como veem os superiores, como veem a empresa, o que acham do futuro deles e do futuro da empresa?

Enfim, são muitas perguntas que ficam sem muitas respostas! Agora, se eu perguntar: nossos chefes fazem isso? Não sei, realmente, como são feitos os entendimentos entre todos os colaboradores. Não sei, realmente, como são feitas as comunicações diárias entre todos os colaboradores.

Recebo, pelo Fale com o Presidente, no mínimo três *e-mails* por semana. Queixas, reclamações, elogios, agradecimentos, todo tipo de abertura para um melhor relacionamento.

E o que é um melhor relacionamento? É ter um funcionário feliz, mesmo que os salários não sejam altos (reconhecemos); é ter um funcionário comprometido, que dê ideias, sugestões, saídas para eventuais crises do dia, e que também saia fora dessa mesmice que é reclamar sempre, e não contribuir para o seu futuro, dos seus colegas e do grupo das empresas.

Reclamar não é procurar um advogado quando se deixa a empresa, para buscar na justiça do trabalho um bom acordo. Reclamar é criar portas abertas para todas as soluções.

Diante deste artigo, venho propor a todos os colaboradores que eu e os demais gestores lotados aqui em São Paulo, na unidade Corifeu, gostaríamos de recebê-los todas as sextas-feiras, para que participassem de nosso almoço diário às 12h, três colaboradores por semana. Quem desejar é só nos telefonar, número (11) 3723-4100, e agendar com Maria Cristina, no operacional SP.

Para conversarmos, para conhecermos os funcionários, para conhecermos seus anseios, seus problemas, e discutirmos o futuro de todos.

Ganharíamos mais adeptos, mais amigos.

É meu sonho! É minha esperança!

# UM INTERIORANO REVIVENDO SUA HISTÓRIA

### POR ANTONIO SALVADOR MORANTE

## POUCOS NASCERAM NA FAZENDA FIGUEIRA

Nasce um pequeno menino na Fazenda Figueira, em 26/4/1945. Essa fazenda ou sítio fica entre Marcondésia e Monte Verde Paulista, distritos próximos, e entre Monte Azul Paulista e Olímpia.

Por que pequeno? Porque o menino cabia numa caixa de sapatos, soube ele quando teve condições de ser informado, anos depois.

Esse pequeno menino sou eu.

Vivi nessa fazenda durante dois anos, aproximadamente, brincando como uma criança dessa idade, até que meus pais mudam para o distrito de Monte Verde Paulista. Se você estranha a citação de distrito, é porque o povoado pertencia ao município de Cajobi, comarca de Olímpia. Ou seja, tratava-se de um amontoado de pessoas num local com apenas três ruas, uma principal que tinha duas saídas ou duas entradas, como se queira, para Cajobi e para Severínia, que não elegia nem um vereador. Não tinha nenhum poder político!

## MUDANÇA PARA MONTE VERDE PAULISTA

Meu pai, José Salvador, faz uma sociedade de palavra com meu tio, Santiago Morante, e fundam a Loja Sueli, em Monte Verde Paulista. A partir daí, começa a surgir o apelido de Tunim da Loja para este que subscreve. E mudamos para Monte Verde Paulista, onde, no início, meu pai consertava panelas.

E assim foram os primeiros anos, Tunim (eu) percebo várias alternativas em minha vida, vislumbrando o pouco que Monte Verde Paulista podia trazer para uma criança: lá existiam duas camadas sociais, os pobres e os fazendeiros. Junto ao time dos fazendeiros, tínhamos algumas famílias mais diferenciadas, financeiramente ou intelectualmente. A família Moreda Mendes, que comandava a cooperativa de laticínios, onde também trabalhava meu tio Santiago, a família do Panadeiro e de seu sogro, Fernandes, que tinham um armazém, e começou a destacar-se a família do Zé da Loja, meu pai. Em Monte Verde Paulista, só uma família assinava jornal, diga-se de passagem, o Estadão. Era a família Moreda Mendes. E me emprestavam para lê-lo quando eu solicitava.

Meu pai era um comerciante nato. Gostava de comprar e vender. A Loja Sueli era uma loja de tecidos. Ele vinha constantemente a São Paulo, na rua 25 de Março, fazer compras. Dizia-me que aprendeu muito com os árabes de lá.

Minha mãe, Araceli Morante, também trabalhava na loja e era costureira para praticamente toda a cidade. Todas as noivas da época tiveram vestidos feitos por minha mãe. Gostava de vender, e os clientes a adoravam. Era prestativa, atenciosa, e sugeria tecidos para boas roupas a todos. Tunim da Loja (eu) teve algumas alternativas de enxergar um futuro: fui coroinha do Padre Cruz, fui trabalhar na farmácia de meu padrinho Ramon.

Lá fiquei por um ano, até participar de um atendimento a um moço que tinha um rasgo na perna. Ao assistir à colocação dos grampos naquele corte, desmaiei. Fui "devolvido" imediatamente a meus pais com a alegação de que, para trabalhar com Medicina, este não serve.

No grupo escolar, hoje primeiro grau, começo a perceber que, estudando e me destacando, pessoas próximas poderiam me considerar e, com isso, surgiam oportunidades.

Essas oportunidades são aquelas que vários moços de Monte Verde Paulista almejavam quando mudavam para a capital, com suas famílias ou sozinhos, trabalhar, pagar seus estudos e progredir na vida.

Eu então percebia claramente que em Monte Verde Paulista nada poderia ser, além de trabalhar com meu pai na Loja Sueli. E começo a trabalhar, lançando dívidas dos clientes no livro chamado Borrador, uma espécie de conta-corrente.

E o destaque que começou a surgir na minha vida era estudar e passar em primeiro lugar. Fui primeiro lugar nos quatro anos de grupo escolar.

Era inteligente e profundamente dedicado, porque fazia lições, as devolvia aos professores para conferência, e ainda participava da leitura de poesias, quando as professoras assim o exigiam. Eu era por demais tímido, mas perdia a timidez quando essas situações surgiam.

## O GINÁSIO EM MONTE AZUL PAULISTA

Chega o tempo de ginásio. Vou estudar em Monte Azul Paulista, que era para onde ia a "casta" mais intelectual de Monte Verde Paulista. E lá fomos, na mesma época, vários meninos e meninas, minhas primas e meus amigos. Íamos de trem, e voltávamos de carona ou de trem no final do dia.

Como meus pais não conseguiam pagar o passe de trem mais um lanche na parte na tarde, quem nos amparou (eu e meu irmão Mário) durante os quatro anos de Monte Azul Paulista foi minha avó Josefa, com sua plantação de hortifrutigranjeiros. Ela, que nunca tinha estudado, nos cobrava essa aplicação semanalmente.

Em Monte Azul Paulista, tive a oportunidade de perceber que estudar, ser um bom cidadão, ser dedicado, respeitar a família, era o maior passaporte para um futuro feliz.

Aprendemos tudo isso com os excelentes professores e nosso diretor, Sr. Raul. Mas em nenhum momento vislumbrava-se o estímulo ao empreendedorismo, característico dos meus pais. Isso não era importante na época.

E eu prossigo disputando os primeiros lugares no ginásio. Só fui um segundo lugar no segundo ano, perdendo para a Norma Teodoro, uma excelente estudante. Nos demais anos, sempre consegui o primeiro lugar. No último ano de ginásio, o professor de matemática, o melhor de todos, fez uma arguição sobre o que faríamos após o ginásio.

Quando chegou a minha vez, eu disse que não tinha alternativas, a não ser estudar em Olímpia, o curso de técnico de contabilidade, porque meus pais haviam me arrumado uma família amiga para morar, porque as aulas eram noturnas, e nós só tínhamos dinheiro para custear estudos dessa forma.

O professor Abílio franziu a testa e respondeu: "Mas contabilidade? Você tem condições para outras profissões que vão lhe dar muito mais futuro!". Ouvi e pensei: "Nunca mais vou esquecer disso... ele vislumbrava um grande futuro. Vou buscá-lo".

Um fato interessante aconteceu no final das aulas do ginásio. Nosso diretor, Prof. Raul, presenteou todos os alunos formandos com o livro CONFITEOR, de Paulo Setúbal. Um marco de ensinamento a todos os alunos da época. Os conselhos para um futuro estavam ali, na religião, na obediência a princípios e na postura futura de cada um de nós.

Quando contei a meus pais desta arguição, ambos disseram: "O futuro de vocês só é viável se mudarmos para a capital".

E assim foi, em janeiro de 1961, fomos todos para São Paulo, e logo após trouxemos minha avó Josefa e minha tia Irene.

## MUDANÇA PARA SÃO PAULO

E aqui em São Paulo, me transformei em Morante. Quem me conhecia na intimidade ainda me chamada de Toninho, mas no trabalho e escola era Morante. Continuo meus estudos de contabilidade, e sempre em primeiro lugar.

Os conselhos que recebia de meu pai eram de buscar ótimos empregos, e as economias aplicar em imóveis para receber aluguéis. Fui buscar boas oportunidades de trabalho. Ocupei cargos de executivo de 1965 até 1992. Cheguei a ficar doze anos sem tirar férias, vendendo-as ao empregador. Tudo o que sobrava aplicava em imóveis, mas como a renda não era tão grande assim, sempre adquiri propriedades pequenas, apartamentos e pequenas casas.

## O CASAMENTO

Marcado o casamento para fevereiro de 1970, fui convidado por um amigo para cuidar de um projeto de montar uma distribuidora e atacadista de tecidos para decoração e plásticos. Imaginem que eu me casaria 44 dias depois. Loucura, ou segurança, não sei. Só que foi muito arriscado. Eu não tinha, naquele momento, outra alternativa senão a de mudar de emprego. Eu confiava muito na pessoa que havia me convidado.

Agora casado, minha esposa deixa o trabalho, após consenso mútuo, pois desejávamos ter filhos e assumimos o compromisso de que eu iria trabalhar e sustentar financeiramente a casa, e ela iria cuidar dos filhos. E, assim, fomos de forma organizada e consciente curtir o casamento. Minha esposa sempre foi uma maravilhosa companheira. Mãe e esposa nota 10, inteligente, de muito brilho e desprendimento social. Eu a conheci quando fazia o cursinho.

Passeávamos bastante nos finais de semana. Íamos, sempre que possível, almoçar pelas estradas próximas. O casamento trouxe enormes responsabilidades. Nasceu Denise, Denis e, finalmente, Daniel. Todos os procedimentos de gravidez foram problemáticos e difíceis. E eu, sempre trabalhando, sem tirar férias, contribuindo para que a empresa Ladeira Plásticos e Cortinas crescesse.

Enquanto esses anos passavam, Denise e Denis cresciam. Tudo o que era possível fazer pelos filhos eu e Nair fizemos. Até construímos a casa onde até hoje moramos, no Tatuapé.

## INICIANDO A CARREIRA ACADÊMICA

Ainda neste período, em 1978, estimulado por meu cunhado Ari, torno-me professor de contabilidade na Universidade São Francisco. Passados dois anos, sou eleito pelos professores do curso para chefe de departamento, e posteriormente coordenador do curso.

Inicia-se, então, um novo e paralelo ciclo em minha carreira profissional. Financeiramente, era um "bico" maravilhoso. Na época, ganhávamos muito bem, e com esse excesso de remuneração eu conseguia aplicar em alguns imóveis. E as oportunidades financeiras eram ótimas. E sempre as aproveitei.

Em 1986, fui fazer mestrado em Ciências Contábeis na PUC, vindo a concluí-lo em 1990, através de uma monografia que tratava sobre limites de crédito, com o título UMA CONTRIBUIÇÃO AO ESTUDO DE INDICADORES DE LIMITE DE CRÉDITO.

Um grande sufoco, mais uma prova de enfrentamento a problemas entre todas as que tive em minha vida. Mas não deixei de lotar a sala de aula de amigos e parentes. Todos lá estiveram para participar daquele momento, muito importante para mim.

Eu me tornei doutor em Administração em 2003, pela Florida Christian University, com uma tese examinada por quatro doutores norte-americanos.

Posteriormente, da Universidade São Francisco fui lecionar na FAAP. Em seguida, fui convidado a lecionar e fundar o curso de Ciências Contábeis e Administração na UNIP, onde permaneci até 2010.

Atualmente, atuo como professor na FIA, na área de pós-graduação e MBA.

## ESPÍRITO EMPREENDEDOR

No início de 1980, ano crítico para nossa economia, deixei o emprego na Ladeira Plásticos e Cortinas Ltda. e me aventurei a fundar uma empresa de assessoria para a qual dei a razão social de Serviço de Segurança Contábil Ltda.

E lá fui eu, sozinho, mas com um contrato garantido, o do Rancho da Pamonha.

Era difícil conseguir bons contratos, mas com perseverança fui obtendo indicações.

Trabalhando em um grande projeto da Casa Fortaleza, meu principal cliente, em 1982 fui convidado a assumir o cargo de diretor administrativo, estatutário.

A experiência profissional que adquiri nessa organização foi excepcional. Os sócios-diretores eram bastante participativos e me tinham como pessoa de extrema confiança, dando-me autonomia para todas as decisões.

Em 1992, torno-me sócio de um grupo de empresas na área de prestação de serviços terceirizados, com aproximadamente 120 funcionários.

Chegamos a 2010 com 6.000 colaboradores, e várias áreas de atuação: limpeza e conservação, segurança patrimonial, locação de veículos e segurança eletrônica.

Estou até hoje nesse empreendimento. Tive momentos de extrema felicidade. Lá conheci profissionalmente meus dois filhos, pois foram trabalhar comigo, e pude admirá-los até o momento que deixaram a organização.

Com os filhos, infelizmente, tive pouco contato pessoal e familiar. Chegaram a denominar-me de "pai ausente", e em certo sentido estavam certos. Não brinquei, não fui a passeios, não os levei à escola, não estive nas reuniões escolares, não tomei suas lições, quase nunca assisti a festas, ou apresentações de balé. Eu estava sempre trabalhando...

De outro lado, só posso ter orgulho de todos. Combativos, irreverentes às vezes, contestadores sempre, são exemplos espetaculares, como pais, para meus netos. Trabalhadores incansáveis, os três são nosso orgulho.

## MORANTE, O ESCRITOR

Em 2006, iniciei adicionalmente a carreira de "escritor" com livros na área de administração financeira.

E foi assim que foram escritos: Contabilidade, Análise das Demonstrações Financeiras, Administração Financeira, Controladoria, Formação de Preço de Vendas e Demonstrações Financeiras Sintéticas.

Pois bem, aquele menino de Monte Verde Paulista já vendeu até hoje cerca de 50.000 exemplares de seus livros.

Parece incrível, pela personalidade que expresso, mas sei fazer poesias. Poesias caseiras, dedicadas aos filhos, à esposa, aos amigos e amigas. Sonetos simples, mas que somam ao todo mais de 50 produções. As pessoas afirmam que tenho jeito para isso!

Tenho até um livro de rimas, o qual consulto quando a necessidade se faz. É um dos meus sonhos a serem realizados, após chegar minha aposentadoria. Tenho planos de escrever livros de poesias.

## MEUS CONSELHOS

Como conclusão, pensando em meus acertos e erros, na avaliação que faço da minha vida profissional e pessoal, relaciono abaixo alguns conselhos:

1. Estudar.
2. Ler, se possível, todo tipo de literatura.
3. Ser dedicado ao trabalho.
4. Buscar oportunidades no trabalho.
5. Aprender empreendedorismo.
6. Conseguir e manter amigos.
7. Escolher alternativas: arriscadas ou não.

Considerando adicionalmente alguns ensinamentos do meu pai, destaco:

Não se arrisque em negócios que irão lhe trazer escravidão. De nada adianta você vislumbrar um grande ganho, se você tiver de submeter-se!

De nada adianta você querer um futuro brilhante, em termos financeiros, se você não tiver bases de conhecimento, de estudo, de disciplina para isso, em alguns casos até inteligência para isso.

Considere os seus limites como uma possibilidade de se descobrir.

O interessante ao concluir esta narrativa é que me sinto na obrigação de relacionar quais os erros e acertos cometi em minha vida de constante aprendizado.

E assim, eu os relaciono:

1. Trabalhar na indústria, comércio e prestação de serviços: acertei!
2. Não tirar férias e pouco gozar de lazer com a família: errei.
3. Vender férias para adquirir imóveis: errei.
4. Aprender a conviver com funcionários medianos: acertei!
5. Demorar a ser empreendedor (sócio de empresa): acertei!

6. Aprender a perdoar, na maioria das vezes: errei.
7. Não elogiar os colaboradores: errei.
8. Orgulhar-me dos filhos: acertei!
9. Cultivar grandes amigos: acertei!
10. Ter poucos inimigos: acertei!
11. Ser generoso em doações a quem necessitar: errei.
12. Não ter curtido o crescimento dos filhos: errei.
13. Não ter curtido o crescimento dos netos: errei.
14. Não curtir muitos passeios e viagens: errei.
15. Ser corajoso nos negócios: acertei!
16. Usar pouco planejamento nos negócios: errei.
17. Usar muita intuição nos negócios: errei.
18. Aprender a ouvir conselhos: errei.
19. Promover pessoas: acertei.
20. Escolher amigos e pessoas no trabalho: acertei.

# PEÇA TEATRAL

# O CONTADOR E O CRUZADO: DE ESQUERDA OU DE DIREITA?

Esta é uma das 12 peças teatrais envolvendo o dia a dia das empresas que escrevi.

**Autor:** Antonio Salvador Morante

**PERSONAGENS:**
1. Contador
2. Subcontador
3. Gerente Financeiro
4. Presidente da Cia.
5. Secretária do Contador
6. Gerente do Banco
7. Economista do Banco Central
8. Assessor do Governo
9. Fiscal do Presidente
10. Homem do Povo

**ATOS:**
1. O contador e o cotidiano
2. O gerente financeiro e o cotidiano
3. O pessoal do governo fiscalizando
4. O governo arquitetando
5. O povo na expectativa
6. O contador e o futuro

**observação:** todos os atos serão precedidos de uma narrativa, apoiada em diálogos.

## 1º ATO – O CONTADOR E O COTIDIANO

**NARRADOR**

Aí está nosso contador, Sr. Jorge Alfredo, com seu subcontador, Sr. Péricles, e sua secretária Tutu.

Hoje, 27 de fevereiro, numa bela manhã, ele nem imagina o que vai acontecer em sua vida...

Está trabalhando loucamente no fechamento do balanço de 1985.

Ainda não examinou as últimas modificações da legislação.

Está cabisbaixo como sempre...

Pelo jeito, neste momento, alguma preocupação sobe à sua cabeça: será uma diferença nos saldos das contas, ou ele está preocupado com a baixa lucratividade de suas demonstrações?

Não... Ele está preocupado com o fraco lugar que ele ocupa na empresa.

Apesar de estudar na Universidade São Francisco, ter os melhores professores de São Paulo, de que estão valendo todos os ensinamentos que recebe?

De nada... na empresa, pouco é ouvido... não é chamado às reuniões importantes de Diretoria... não é chamado para as grandes decisões... só participa dos grandes projetos quando esses estão decididos... só é perguntado sobre os números quando o lucro é muito baixo... não lhe dão oportunidade para apresentar trabalhos contábeis excepcionais...

Será que ele poderá modificar esse panorama, ou o Sr. Jorge Alfredo é pacato demais para tais aventuras?

Particularmente, o Sr. Jorge Alfredo considera-se um profissional competente.

É leitor assíduo de dois jornais diários e de todas as publicações que interessam à sua profissão.

Acompanha as atividades de seu Sindicato, do Conselho Regional de sua classe, sempre que pode, participa de cursos de especialização, é um bom aluno na universidade.

Mas sempre se questiona: para que tudo isso, se não participo, se não sou convocado, se sou um quase alienado dentro da empresa? Exageros à parte, acompanhemos um pouco o trabalho do departamento que o Sr. Jorge Alfredo tão bem dirige.

**JORGE ALFREDO** - Dona Tutu, traga-me um cafezinho, por favor...

**TUTU** - Pois não, Sr. Jorge Alfredo, o senhor deseja com muito ou pouco açúcar?

**JORGE ALFREDO** - De qualquer jeito, mulher, hoje não estou muito bom para respostas muito educadas...

**JORGE ALFREDO (sozinho)** - Bem, após dois meses de trabalho neste ano, finalmente acho que estou conseguindo concluir o balanço do ano passado.
Nosso presidente não terá surpresas, pois mensalmente lhe entrego balancetes discriminativos, que apuram o resultado...
Este ano o negócio está tão calmo, que percebo no ar modificações...
Não sei quais, mas pressinto um ano confuso, misterioso.
Tenho acompanhado os jornais, e acho que o governo fará alguma coisa diferente neste ano.
Não sei se será na política, pois vocês bem acompanharam a mudança no ministério.
O PMDB levou uma rasteira pra valer...
O PFL julga-se dono do governo, e parece que o Presidente Sarney está apoiando seus antigos amigos...
Acho que vou parar com divagações, e farei uma reunião com o meu subcontador.
Sr. Péricles, por favor, compareça a meu gabinete...

**PÉRICLES** - Pois não, Sr. Jorge Alfredo, estou às suas ordens...

**JORGE ALFREDO** - Traga-me os onze últimos balancetes, que iremos examinar algumas contas, e fazer algumas análises...

**PÉRICLES** - Retornarei em seguida, senhor...

**JORGE ALFREDO** - Vá, mas não demore muito, porque estou com pressa... Hoje é aniversário de minha esposa, e não posso sair tarde do escritório...

**PÉRICLES** - Aqui estão, senhor, todos os balancetes que o senhor me pediu. (Sentam-se)

**JOSÉ ALFREDO** - Você viu, Péricles, o alto resultado da correção monetária em nossas demonstrações?
Que absurdo, o lucro operacional foi totalmente consumido pela correção monetária X...

**PÉRICLES** - Isso não é surpresa, Sr. Jorge Alfredo, há anos que vem acontecendo ... A única diferença é que em 85 o valor acentuou-se face à inflação alta.

**JORGE ALFREDO** - Eu sei muito bem disso... Parece que você quer me dar aula...
Eu estou é lastimando esta situação, sua besta...
Estou analisando a situação com você...

**PÉRICLES** - Desculpe-me, Sr. Jorge Alfredo, não quis ofendê-lo...

**JORGE ALFREDO** - A propósito, Péricles, onde você está fazendo faculdade?

**PÉRICLES** - No interior, Sr. Jorge Alfredo...

**JORGE ALFREDO** - E... tá na cara que você não poderia estar na Universidade São Francisco. Lá, os caras são mais vivos que você...
Ainda outro dia, um professor deu uma aula sobre "a influência da sociologia no comportamento psicodinâmico do contador e de sua secretária..."

**PÉRICLES** - Mas eles não ensinam como combater a inflação, em termos contábeis?

**JORGE ALFREDO** - E você acha que os professores sabem como fazê-lo? Você acha que alguém, no Brasil, sabe?
Ora, Péricles, a tua ingenuidade me comove...
Você fala como um bom moço do interior, mesmo...

**PÉRICLES** - E o senhor, o que acha desta inflação?

**JORGE ALFREDO** - Eu, se fosso do Governo, provocaria uma desindexação na economia...

**PÉRICLES** - Meu Deus, o que é isso, Sr. Jorge Alfredo?

**JORGE ALFREDO** - Na realidade, não sei. Eu li nos jornais e estou repetindo o que li a você...

## 2º ATO - O GERENTE FINANCEIRO E O COTIDIANO

**NARRADOR**
Vocês verão o que um Gerente Financeiro, no Brasil, faz de útil em sua firma.
Verifica o saldo bancário todos os dias, e só pensa em aplicar no Overnight.
Foi-se o tempo em que ele estava com fórmulas de ponto de equilíbrio nas mãos, e acompanhava o fluxo de caixa a favor dos investimentos.
Hoje em dia, nenhuma empresa pensa em expandir suas atividades...
Ninguém está querendo colocar dinheiro na empresa.
Todo mundo pensa em aplicações...
Mas ao contrário do Contador, ele é um homem valorizado na empresa.
E é fácil explicar... O lucro que este homem provoca, em termos financeiros, é maior que o operacional.
Mérito dele, ou o Gerente Financeiro é mais aproveitador da situação econômica nacional.

É claro que ele está sabendo tirar proveito.
Vocês vejam o exemplo: o que é mais fácil, fazer a empresa lucrar 15% ao mês com aplicação financeira, ou fazer com que ela tenha o mesmo lucro em suas atividades mercantis?
É claro que é mais cômodo aplicar, vocês não acham?
Aplicar não requer contratação de empregados, não requer compra de máquinas, não requer expansão de imóveis, não requer pagamento de ICM e IPI, não requer senão alguns telefonemas diários...
Por esses motivos, o Gerente Financeiro é um profissional altamente valorizado.
Vejam como se veste, como se porta em seu gabinete de trabalho, como é galanteado pelos Bancos...
Exageros à parte, acompanhemos um pouco o trabalho do Departamento que o Sr. APLICAÇÃO tão bem dirige.

**DR. APLICAÇÃO (ao telefone)** - Dr. Ermírio, já fiz as aplicações de hoje. O senhor gostaria de saber os resultados?

**DR. ERMÍRIO** - É claro, Aplicação. Daqui a dez minutos darei uma passadinha por sua sala, e você me explica os resultados do dia.

**DR. APLICAÇÃO** - Vou telefonar ao Gerente do Banco, para ver como ele acha que será o dia de amanhã.
Amador Setúbal, como vai essa força?

**AMADOR SETÚBAL** - Tudo bem, Aplicação, tudo bem...
As taxas estão maravilhosas hoje.

**DR. APLICAÇÃO** - E amanhã, como você acha que estarão?

**AMADOR SETÚBAL** - Amanhã, dia 28 de fevereiro (ênfase)? Estarão também maravilhosas...
Eu soube que subirão a 20% ao mês...

**DR. APLICAÇÃO** - Que maravilha, Amador Setúbal... Que maravilha...

**AMADOR SETÚBAL** - O que devo fazer amanhã, com seu dinheiro?

**DR. APLICAÇÃO** - Reaplique tudo, Amador Setúbal...Tudo, tudo... Amanhã, ligarei novamente para você, ok?

**DR. ERMÍRIO (entrando na sala)** - Aplicação, quer dizer que as coisas vão indo muito bem?

**DR. APLICAÇÃO** - Otimamente, senhor. Otimamente... Hoje, deu 15%. E amanhã dará 20% ao mês.

**DR. ERMÍRIO** - Que beleza... que beleza... A cada dia que passa, convenço-me mais de que cuidar de compras, vendas, produção é mau negócio. O negócio é aplicar mesmo...

**DR. APLICAÇÃO** - Não tenha dúvida, Dr. Ermírio. O negócio é aplicar... Para que trabalhar, o senhor não acha?

**DR. ERMÍRIO** - Trabalhar cansa... Os clientes podem não pagar...

Os funcionários reclamam de reajustes... Os impostos são pesados... E o negócio é aplicar...

## 3º ATO - O PESSOAL DO GOVERNO FISCALIZANDO

**NARRADOR**
Aí estão os funcionários do Governo.
Como fiscalizam contas...
Declaração do Movimento Econômico, DIPAM, Guia de Apuração do ICM e IPI, RAIS, Declaração de Imposto de Renda...
O que eles fazem com tudo isto?
O que estamos estranhando é que todos os papéis entregues ao Município, Estado e Governo Federal estão hoje nas mãos do pessoal do Ministério da Fazenda e do Planejamento.
Certamente, pensam em um novo e global aumento de impostos.
E não é para menos, com a dívida interna que tem o Governo Federal...

Será que irão meter a mão em nosso bolso, novamente, ou estão achando que a arrecadação caiu mesmo?
A segunda hipótese não nos parece viável, uma vez que o próprio governo divulga todos os dias que a economia está forte, que as empresas venderam mais em 85, que a arrecadação de impostos subiu além da inflação...
Eu acho que eles estão nos fiscalizando para, através de um jogo qualquer, encontrar uma fórmula de aumentar os impostos e reduzir o déficit público.
Em todo o caso, precisamos dar a estes rapazes um voto de confiança.
Antigamente, a gente criticava porque só havia funcionários antigos fiscalizando o povo.
Agora, observem a juventude destes homens.
São moços, bem-intencionados, patrióticos, e desejosos do bem-estar do País.
A corrupção está decrescendo, já não há mais estouros financeiros na praça, pelo menos há alguns meses.
Ninguém fala em estouro de bancos, nem de escândalos no BNH, nem de falências no Brasilinvest...
Sejamos otimistas, as coisas estão realmente melhorando...

**DR. PÉRSIO** - O Produto Interno Bruto poderá ser todo arrecadado pelo governo, em bases monetárias mais realistas (diz sozinho à plateia).
Esta nação tem forças para pagar a Dívida Interna sem problemas...
Quanto à Dívida Externa, o problema não é comigo...
Mas, internamente, temos uma solução...
Vou telefonar a um Contador, e ver o que ele acha de minha ideia.

**DR. PÉRSIO** - Jorge Alfredo, meu amigo, como vai?

**JORGE ALFREDO** - Persinho, meu irmão, como estão as coisas aí no governo?

**DR. PÉRSIO** - Estão ótimas... estão ótimas... Estamos arrumando uma fórmula de controlar a expansão monetária...

**JORGE ALFREDO** - Vão aumentar os impostos outra vez?

**DR. PÉRSIO** - Não, meu amigo, já taxamos demais... O negócio é desindexar, meu caro... Desindexar...

**JORGE ALFREDO** - Mas, Persinho, você sabe como fazer isso?

**DR. PÉRSIO** - Saber, ainda não sei. Mas temos que arrumar uma fórmula... Uma fórmula mágica...

**JORGE ALFREDO** - Eu aqui estou louco com meu Balanço... Você veja que esquisito ... O único resultado que obtemos é com as aplicações financeiras...

**DR. PÉRSIO** - É isso que mata a economia, Jorge Alfredo... Vocês, contadores, estão desprestigiados. Somente estão lucrando com isso Gerentes Financeiros. A propósito, vou desligar, e falar com um amigo meu. Depois volto a falar com você. Boa tarde...

**DR. PÉRSIO (ao telefone)** - Aplicação, meu chapa, como vão as coisas?

**DR. APLICAÇÃO** - Persinho, meu amigo de infância... Que bom falar com você... Como você está? Trabalhando muito?

**DR. PÉRSIO** - Minhocando, Aplicação. Minhocando... Minhocando para saber se temos um jeito de segurar a inflação. Você vê que a coisa estourou, não é mesmo?

**DR. APLICAÇÃO** - Não vai me arrumar um jeito de parar com isso, pelo amor de Deus?
O negócio está muito bom para o meu lado. Nunca em minha vida estive tão valorizado no emprego...

**DR. PÉRSIO** - Você só olha o seu lado, amigo. Veja os pobres, estão cada vez mais pobres...

**DR. APLICAÇÃO** - Eu gosto muito de pobres, Persinho. Gosto tanto que, quando ficar rico, comprarei uns dez para a minha coleção...

DR. PÉRSIO - Não brinque, Aplicação... Não brinque, que a coisa está feia... Precisamos arrumar uma solução...

DR. APLICAÇÃO - Que solução??? Não vá você querer tirar minha boquinha, não é?

DR. PÉRSIO - Fique tranquilo, Aplicação, que não pretendo prejudicá-lo. Até logo, amigo, que tenho que trabalhar...

## 4º ATO - O GOVERNO ARQUITETANDO

**NARRADOR**
Meu São Francisco, o que estará fazendo tanta gente reunida, a portas fechadas, no Ministério do Trabalho?
Que segredo tão grande cerca este trabalho?
Gente que entra e sai, conversas sigilosas...
O interessante é que tal confusão não é comentada pelos jornais.
Os políticos também não dizem nada...
Eu acho que eles estão trabalhando uma fórmula ainda mais severa para acabar com a inflação.
Será que vão tentar acabar com ela por Decreto?
Será que vão tentar acabar com ela com redução de salários e aumento de impostos?
Já sei... Vão dar um golpe na poupança...
Mas... o povo não ficará tranquilo. Assim poderá haver uma comoção na sociedade.
Acabar com a poupança será uma atitude trágica demais, porque os grandes poupadores são pessoas do povo, simples.
Vamos pensar mais otimistas. Estes tecnocratas estão aí trabalhando para justificar seu empreguinho.
Por que a preocupação, se até hoje não fizeram outra coisa senão confundir a economia, através de modificações que não levaram a nada?

Lembrem-se do tempo do Delfim. Pacotes e mais pacotes e, ao final, levaram a quê? Nada...
O Brasil é um país que reage bem a tudo isso. O povo já está cansado de sofrer e absorver todos os pacotes e medidas econômicas...
Epa! Parece que chegaram a uma conclusão, vamos ouvi-la, amigos, vamos ouvi-la...

**DR. RESENDE** - Amigos e companheiros, brasileiros e brasileiras. Chegamos a uma conclusão...
Vamos editar um Decreto Lei, que ficará famoso em todo o mundo.
Vamos acabar com a inflação.
Vamos desindexar toda a economia.
Vamos acabar com a correção monetária.
Vamos diminuir os salários.
Vamos diminuir os aluguéis.
Vamos acabar com a moleza dos Bancos.
Vamos acabar com os lucros financeiros.
Vamos congelar os preços.
Vamos diminuir tudo, tudo...
Vamos introduzir o cruzado, e acabar com o cruzeiro.

**ASSESSOR (sem nome)** - E o Presidente vai aprovar isso?

**DR. RESENDE** - Os Ministros da área econômica estão comigo. Tenho certeza de que toparão nossa ideia.
Congelar tudo, diminuir tudo...

**ASSESSOR** - E o povo, Dr. Resende, e o povo...
O povo vai aplaudir... A inflação vai acabar... Você acha que o povo não vai gostar disso?

**ASSESSOR** - O senhor falou com os banqueiros?

**DR. RESENDE** - Eu não, e nem vou falar... Os banqueiros que se lixem... Até agora mamaram bastante nas tetas da inflação... Agora vão amargar o gosto do prejuízo...

**ASSESSOR** - O senhor falou que os salários irão diminuir?

**DR. RESENDE** - Tem que diminuir. Tudo vai diminuir... Só que a gente precisa saber como explicar... Precisamos de um impacto para explicar...

**ASSESSOR** - E como será este impacto?

**DR. RESENDE** - O impacto está no congelamento dos gêneros alimentícios. Temos que ferrar os supermercados, as quitandas, as feiras, os açougues, as farmácias, enfim, os comerciantes de modo geral.

**ASSESSOR** - E as indústrias?

**DR. RESENDE** - As indústrias (coçando a cabeça). Elas vão se compor com o comércio.

**ASSESSOR** - Como se compor, Dr. Resende?

**DR. RESENDE** - Esta composição a gente trabalha depois... Meu entusiasmo é tão grande que irei levar imediatamente a ideia aos Ministros da área econômica.

**ASSESSOR** - O senhor não acha que deveríamos estudar um pouco mais sua ideia?

**DR. RESENDE** - Que nada, meu caro... A ideia é tão brilhante que tem de ser aplicada hoje, dia 27 de fevereiro. Amanhã, o Brasil amanhecerá outro...
(e sai apressadamente)

## 5º ATO - O POVO NA EXPECTATIVA

**NARRADOR**
Amanheceu dia 28 de fevereiro de 1986.
O Presidente da República anunciou que irá falar à Nação pela manhã.
Os boatos correm. Ministros cairão? Que reforma iremos ter?

Finalmente, chega o momento de o Presidente Sarney anunciar o plano do governo.
Magia...
A inflação cairá para zero.
Os preços estão congelados.
Quem tem a pagar, pagará menos...
Quem tem a receber, receberá menos...
O povo, surpreso, não entende bem as medidas, mas gosta da ideia.
A comida terá seus preços congelados...
Os remédios também...
A regra de salários e de aluguéis, não entendida no momento, não preocupa o povo.
Apenas a surpresa final: o Presidente nomeia todos os brasileiros e brasileiras seus fiscais.
Como será bom ser brasileiro a partir de hoje.
Como será honroso ser fiscal do Presidente a partir de hoje.
O impacto parece ter atendido às expectativas.
O povo vai às ruas fiscalizar, e age contra comerciantes desonestos e inescrupulosos.


**JOSÉ SARNERO** - Eu sou fiscal do Presidente...
Fecho seu supermercado, em nome do Presidente da República.
O senhor não poderia ter reajustado seus preços.
Não obedeceu às determinações do Presidente Sarney.

**COMERCIANTE (sem nome)** - Mas eu não sou culpado pela inflação. As fábricas já aumentaram os preços em fevereiro, e eu tenho que repassá-los.

**JOSÉ SARNERO** - Jamais, meu caro. Ou você congela, ou será denunciado, preso...

**COMERCIANTE** - Estou perdido... Não sei o que fazer...
A população poderá me linchar...

**JOSÉ SARNERO** - Congele os preços que tudo acaba bem.

Congele... Congele, meu caro.

## 6º ATO – O CONTADOR E O FUTURO

**NARRADOR**
Aí está o nosso Contador, Sr. Jorge Alfredo, novamente.
Agora, sujeito às influências do pacote econômico.
Trabalha para apurar os resultados das medidas.
A empresa ganhou nas contas a pagar.
Ele é procurado pelos funcionários, para que lhe expliquem sobre o Decreto Lei.
E por que isso? Porque quase ninguém no Brasil está habituado a decifrar leis.
E o Contador sabe?
Alguns sabem... Nosso Jorge Alfredo sabe...
Sempre foi leitor assíduo de jornais, revistas especializadas.
Sua profissão, tão atingida por uma enxurrada de leis, o obrigou que tivesse facilidade para entendê-la.
Vemos o Contador valorizado agora.
Vemos o Contador como elemento mais participante da economia das empresas.
Vemos o Contador como polo de eficiência maior, dentro das decisões da empresa.
Vemos o Contador como o profissional que, através de seu trabalho, deverá mostrar os caminhos econômico-financeiros a serem seguido pelas empresas.
Vemos o Contador um profissional competente.
Vemos o Contador um profissional eficiente.
Vemos o Contador como um novo centro das atenções.
Vemos o Contador como o profissional mais importante para que as empresas absorvam as medidas governamentais.

Isso dependerá de vocês, jovens acadêmicos.
Dependerá de vocês, uma nova ordem econômica.
Dependerá de vocês, uma nova ordem social.
Dependerá de vocês, um novo Brasil.

# POESIAS

## AMOR FAMILIAR

Problemas... Situações novas, situações antigas
Recorrer... Pensar... Aconselhar...
Tudo se resolveu, tudo se define sem intrigas
Tudo se acalma, tudo se resolve com o andar

Da carruagem, que passa e que lembra
A nobreza, a delicadeza, a esperteza...
E vem a pergunta: por que tristeza
Se é possível contornar, conviver?

Soluções novas, impedimentos, condições
Favoráveis, algumas desfavoráveis e indesejadas
Aparecerão, e serão resolvidas após cotejadas

Família é tudo, filhos uma herança e uma esperança
Para atingi-la o objetivo seria muita cobrança
Ou poderia atingi-la com perseverança?

## ARACELI – 100 ANOS

Monte Verde, dois anos, nada sei da vida
Mas Araceli, pensativa, ensina, cria e protege
Monte Verde, dois anos, nada sei do futuro
Mas Araceli, pensativa, ensina, cria e imagina

Araceli, que cursou meio ginásio
Araceli, que lia Machado de Assis
Araceli, que buscava livros emprestados
Enquanto roupas passava para se sustentar

Araceli vislumbrava o futuro para os filhos
Forçava o estudo que não tivera
Forçava o saber que não conseguira totalmente
Forçava a poesia e a declamação

Araceli, vitoriosa, exemplar, casa-se com José
Lavrador, que ao consertar panelas
Mostrava também seu saber, sua fé
E com Araceli viveram dezenas de anos

Araceli aos 97 anos se foi bem feliz
Sofrendo um pouco, mas desejando
Encontrar José no paraíso
No vislumbre da alegria, da felicidade

Araceli, na Loja Sueli
Araceli, no armazém em São Paulo
Araceli, recebendo o salário dos filhos
Araceli, cuidando de repartir e educar

Araceli, que amanhã faria 100 anos
Que pena não poder estar conosco
Vitoriosa, feliz, pensativa, criativa, quase professora
De seus filhos, de seus netos e seus bisnetos!

# BOTECO DO DADO

Convite recebido, preparação imediata, até com motorista
Vamos a Itu, com alegria e curiosidade natural
Chegamos como visita ilustre à Fazenda Vida Real
Somos recebidos não como convidados, mas como amigos

Encontramos Dado e Regininha, alegres e agradecidos
Ela sempre célere, ele rodeado de amigos
Juntam-se a nós, para aquela foto que marcará a criatividade
Formada por um lindo casal que ainda este ano formalizará sólida amizade

Música antiga, músicas novas...
Músicas, dançarinas moças e dançarinas novas
Regininha expondo seus dotes também dançantes
Nunca vistos por nós antes

E a alegria contagia todos os presentes
Eis que surge Cristiana com música candente
Recordando Roberto em seus melhores momentos
Como se ele estivesse também com encantamentos

Buffet muito bem servido, digno de um verdadeiro boteco
Guloseimas deliciosas, chope e caipirinhas fartas
Poucas crianças, mas sempre louvadas pela matriarca
Em especial aquela doce criatura que anotava os convidados

E a festa vai: mais música, mais dança
Mais Regininha célere avança
Mais Regininha rápida dispersa
Enquanto Dado, tranquilo, desconversa

A festa vai: mais música, mais alegria
Mais amigos chegam, alguns retornam
Muitos abraços, muitos elogios
A grandiosidade do casal Dado e Regininha

Vem o bolo, vem o texto
Salve o dia que hoje passa
Peça a Deus que sempre faça

O Dado feliz e contente
Dado e Regininha, muito obrigado

Pela futura e próxima amizade
Pelo Denis e Cristiane
Pela força e generosidade

## BRONCAS E BRONCAS

Segunda-feira é segunda-feira
Vem o mau humor, opinião divergente
Mas por que na frente de gente?
Por que sem eira nem beira?

Tripudiam, enxergam-se, miram-se
Escrevem, discutem, mas amam-se?
Se é verdade, que se acertem
Se é verdade, que se consertem

Passam-se as horas ou uma hora
Encontram-se mais uma vez
Miram-se antes de irem embora

Piscam-se os olhos
Fitam-se mutuamente
Perdoam-se permanentemente!

## BUSÃO DA ALEGRIA E INÍCIO DA JORNADA

Passam-se os anos, dúvidas existem
Dúvidas persistem, casam-se ou não se casam...
O amor, esse enlace eterno, persiste
Juntam-se, não definem, e ambos resistem...

Decisão cruel, decisão difícil, o que fazer
Melhor seria prosseguir no lazer
Baladas às sextas, baladas aos sábados
Seria mais interessante manter...

Mas certo dia pensam, refletem...
Melhor consagrar a reunião, pensam
Melhor decidir pelo coração, imaginam
E marcam, finalmente, a perene união

Acontece no civil, alguns amigos
Familiares, como sempre unidos
Cada qual paga seu lanche, seu almoço
Cada qual curte o enlace e o esforço

Vem o "religioso", formal, mas muito lúdico
Com pompa, jantar e muitos convidados

## DE SÃO PAULO, RIO E VOLTA REDONDA

Unidos, alegres, felizes e muito amados

São Paulo leva quase todos no Busão da Alegria
Parentes, amigos, crianças, que nostalgia...
Outros seguem direto de carro noutro dia
Mas todos chegam, todos se enlaçam

Naquela tarde, noite, com sobrinhos entrando
Com sobrinhos entregando alianças
Com sobrinhos entregando esperanças
Com amigos desejando que haja comando

Do marido, futuro determinado
Da esposa, futura dominada
Será que isso acontecerá?
Será que isso ocorrerá?

Mas viajam, voltam em agosto no final
Retornam, quem sabe, para um longo amor
Retornam, quem sabe, para seguir com ardor
Uma vida a dois, quem sabe a três, quatro...

E aqui ficam os amigos, parentes, do Busão...

Ou do coração... a imaginar, a pensar...
Que será de Daniel e Pamela, nas baladas

Naquelas sextas-feiras, ou sábados?

Nas madrugadas, na Vila Madalena
Quem sabe, uma filha, proponho Helena
Venha a nascer, a crescer...
E coroar esta eterna união a renascer

## CARTAS MARCADAS

Um segue seu caminho, trôpego, mas feliz
Insegura, mas fiel à sua educação e esmero
O outro segue seu caminho, incerto e à busca de solução
Ambos, um dia se encontram, se emocionam e se confessam!

Por que não unir as forças, conhecendo-se melhor?
Por que não buscar alternativas juntos, evitando-se o pior?
Mas e a experiência de um com seus filhos?
Mas e a inexperiência do outro em assuntos semelhantes?

O tempo passa, as experiências acontecem
Os entendimentos os enriquecem
O convívio entre um e outro sempre harmônico
Sempre familiar, quente e térmico

A vida passa, os filhos crescem, rejuvenescem
A cada contato, amam mais o outro a cada dia
As famílias surpresas e ainda desconfiadas se conhecem
Se surpreendem com uma ou outra, ou várias semelhanças

Viajam, passeiam juntos um do outro
Divertem-se, amam-se, um ao outro
Apaixonam-se, discutem um com o outro
Divagam sobre o futuro de um e do outro

Mas chega àquela noite, 41 anos do outro
Discurso feito, filhos de um lado felizes
Uma nova família unida, surpresa, mas aguardando
A final, coroando um pedido de casamento

Surpresa, por quê?
Surpresa, para quê?
Surpresa, com o quê?
Surpresa? As cartas já estavam marcadas

## CINQUENTA SERÁ POSSÍVEL?

Cinquenta ninguém aguenta
Cinquenta é sim possível
Cinquenta gente briguenta
Cinquenta é compreensível

1970 eles se casam
1970 eles se amam
1970 eles iniciam
1970 eles se derramam

De 1970 a 1980 nascem os filhos
De 1970 a 1980 o trabalho é árduo
De 1970 a 1980 ninguém sai dos trilhos
De 1970 a 1980 ele não é assíduo

De 1980 a 1990 outros empregos
De 1980 a 1990 outros desafios
De 1980 a 1990 vida com relevos
De 1980 a 1990 muitos arrepios

Cinquenta, filhos se formam
Cinquenta, filhos se casam
Cinquenta, filhos confirmam
Cinquenta, filhos extravasam

Cinquenta, netos nascem
Cinquenta, netos crescem
Cinquenta, pais padecem
Cinquenta, avós não esquecem

De 1990 a 2000 marido empresário
De 1990 a 2000 esposa voluntária
De 1990 a 2000 marido vinculado
De 1990 a 2000 esposa atribulada

De 1990 a 2000 arestas se acertam
De 1990 a 2000 arestas se desacertam
De 1990 a 2000 discussões acontecem
De 1990 a 2000 discussões amolecem

De 2000 a 2010 corações se juntam
De 2000 a 2010 orações os unem
De 2000 a 2010 problemas ocorrem
De 2000 a 2010 trabalhos os consomem

De 2010 a 2020 o sossego os atinge
De 2010 a 2020 a tranquilidade não remove
De 2010 a 2020 o marido em casa fica
De 2010 a 2020 a novela os fortifica

2020 a festa é possível?
2020 a felicidade é possível?
2020 a festa é indiscutível
2020 a felicidade é atingível

Quatorze de fevereiro é para comemorar?
Quatorze de fevereiro é para animar?
Sim, tudo será feito para lembrar
Sim, tudo será feito para vislumbrar

Vislumbrar felicidade
Vislumbrar eternidade
Vislumbrar reciprocidade
Vislumbrar religiosidade

Para filhos e netos o amor
Para filhos e netos a saudade
Para filhos e netos sem maldade
Para filhos e netos a realidade

Realidade é uma conquista
Realidade, atitude benquista
Realidade Deus acompanhará
Realidade, a família continuará

## CRISTIANE – A GUERREIRA

Cristiane é forte, Cristiane é decidida
Mas quilos em excesso a fazem impedida
De movimentar-se melhor, de amar quem queria
Resolve então operar-se, e se prepara

A bariátrica vem, problemas surgem
Problemas, receios consequentes
Mas ela resiste, prepara-se para retornar
À juventude, à beleza que sempre a fez-se destacar

Mas Cristiane tem um caminho a seguir
Surge a vesícula a atrapalhá-la
E ela procura alguém para operá-la
Sem dores, mas com o receio de não resistir

O tempo rápido passa bariátrica e vesícula
A felicidade retorna, os amigos retornam
No emprego, todos percebem a alegria
De uma nova situação, de uma nova vida

Eis que um exame meramente normal
Atesta uma situação anormal
Estranha, delicada e perigosa
Preocupa-se, procura ajuda e o convênio

E os amigos, e uma operação inevitável?
Corre ao médico e hospitais
É muito bem atendida, médicos se preocupam
Médicos parecem esconder

Médicos não lhe informam a extensão
Pede a amigos ajuda, indicação

Para um melhor socorro, uma melhor atenção
E a busca continua, melhores hospitais a atendem

Vem a cirurgia, exames exaustivos, quimioterapia
Radioterapia, tudo o que se pode imaginar
Acontece a operação, vem a recuperação
Vem a queda dos cabelos, família se preocupa

Amigos se perguntam como estará Cristiane?
Tão guerreira, tão valente?
Mas ela supera consequente
Mas ela supera como gente!

Forte, sempre próxima, de um namoro salvador
Um namoro dedicado e forte
Um namoro que lhe conforte
Pelos dias que estão chegando

Do emprego se afasta
A preocupação se arrasta
Vem a recuperação, exames continuam
O emprego como ficará?

Surge uma pessoa nova, Daniel
Que lhe oferece uma solução
Uma boa e inesquecível ação
Dando-lhe chances de retorno quando puder

Chega a data do retorno
Chega a data de novas lutas
Chega a data de reconhecimento
A Deus, aos amigos e à família

A todos, seu agradecimento!

## DAN OU CHAN ?

Nasce o menino esperado e inesperado
Quase no corredor de forma rápida e sadia
Alegrando os irmãos ainda que de maneira tardia
Com esperanças certas de que seria adorado

Alegre e aparentemente introspectivo
É cuidado pela irmã como se mãe fosse
É amado por todos que o conhecem
Cresce sem desejar muito estudar e sem motivo

Ganha o apelido de Chan, mas ainda é o Dan
Com média 5,1 engrandece, vai cedo trabalhar
Inteligente, amoroso, conciliador
Dedica-se ao aprendizado com ardor

Fica com o pai jogado para aprender
Embora muito cedo para entender
As coisas da vida, as dificuldades profissionais
Mas as vence com dedicação e algo mais

Chega a hora, despede-se e vai ao mercado
Continua aprendendo, continua vivendo
Inteligente, amoroso, conciliador
Como se houvesse para ele este destino

Chega mais um momento, torna-se noivo
Quer se casar, certamente quer criar
Mais netos para a quem possamos adorar
Para que tardiamente possamos sim cuidar

2017 mais um aniversário
Uma até que calorosa comemoração

Uma data da grande união
Parabéns, com muita paixão!

## DENISE – ALMA GÊMEA

Nascer na mesma data
Tem significado maior
Tem significado presente
Para não esquecer sempre

Mesmas manias, mesmas tolices
Mesmas diferenças, mesmas pieguices
Diferentes razões, diferentes emoções
Semelhantes formas e decisões

Mas por que divergem tanto?
Por que não se acobertam no acalanto?
Por que não se unem num sagrado manto?

Que o Criador lhes deu
Que o Criador lhes forneceu
Para viverem juntos assim como Deus apareceu!

## DIA DOS PAIS – UMA BREVE HISTÓRIA

Após várias divulgações sobre a data
Resolvi questionar a qualidade de meu papel
Será que a missão foi cumprida?
Será que não a escondi com um véu?

O tempo passou, retorno ao casamento
Retorno ao acerto feito com contentamento

Toninho vai trabalhar para se sustentar
Nair vai ser dona de casa para criar

Aguardam um ano, viajam, passeiam
Como se a lua de mel não tivesse fim
São felizes, amam-se, divertem-se
E vem a Denise florear como jasmim

É linda, seu avô a adora, e é brincalhona
Diverte-se, cai do portão e acidenta-se na rua
Mas Deus a protege como se fosse sua
A destinação daquele romance de seus pais

Lamentando-se pelas crianças perdidas
Vidas essas que não existiram no papel

Mas que felicidade se fôssemos hoje seis!

Almas grudadas, se três não estivessem no céu

E vem Denis, sapeca e criativo
Brincalhão, e nunca pai punitivo
Sorridente, rápido e espertalhão
Sempre imaginando-se como se não existisse chão

Crescem Denise e Denis, e os pais pensam
Teremos mais um para criar e para amar
Não! Vamos parar...
Eis que Daniel escapa com nascimento espetacular

E ficam os três, o pai sempre trabalhando
Nunca férias tirando...
Nunca em feriados passeando...
Nunca a família acompanhando...

A mãe, dedicada e quase perfeita
Dos filhos é a escolhida, a eleita
Acompanha todos os passos, todos os laços
O futebol, o balé, a escola, as festinhas

E o pai sempre indagando: tudo bem?

Ausente, pelo combinado
Ausente, sempre exagerado

Mas nunca na época recriminado

Os filhos crescem, estudam, são completos
José e Araceli os acompanham de perto
Especialmente José, é um avô perfeito
No apoio, no amor e no respeito

Primeiro grau, segundo grau, vem a faculdade
O pai acompanha alguns, vêm várias manhãs
Justifica-se, é o que se pode fazer
Mas amor sempre devotou sem saber

Que a sua companhia era tão esperada
Mas crescem, acostumam-se
E a coincidência se repete na faculdade
Os três cursam o mesmo ambiente de lealdade

Ao pai ou à sua inspiração?
Ao pai ou à sua imaginação?
Ao pai ou à sua percepção?
Ao pai ou à sua indignação?

Crescem, dois se casam
Crescem, dois renascem com os filhos

Crescem, seguem a inspiração
De uma família criada com educação

O pai continua com a mesma postura
Diga-se até, com a mesma secura
Entretanto pensa diariamente
Em seus filhos, netos e semente

Chegam a 2016, que diferença faz
Este Dia dos Pais?
Que diferença faz que amor dedicar?
A uma realidade tão peculiar

Juntos na data de comemoração
Um Dia dos Pais certamente
Pela poesia diferente
Pelo amor, eternamente...

## DOIS ANOS LUTANDO

Estávamos nós numa tranquilidade responsável
Eis que surge alguém não tão amável
E nos leva a uma interpretação muito diferente
Que a princípio nos preocupa e movimenta a gente

Para uma rescisão, sabemos lá, para uma nova preocupação
Sabe-se lá que futuro espera semelhante decisão
Sabe-se lá que faríamos alguns de nós diante de compromissos
Sabe-se lá o que enfrentaríamos se ficássemos omissos?

Mas bons exemplos familiares e de amigos fraternos
Levam-nos a criar uma barreira, uma sentinela, uma fortaleza

Que nos uniu e nos levou a uma decisão de caráter eterno
A criar, imaginemos nós tranquilos e sossegados, uma forteza

E criamos, construímos, emolduramos, arquitetamos
Instalamos, contratamos, poucos, mas competitivos colaboradores
E seguimos lutando, discutindo, buscando sem muitas dores
Clientes, parceiros, indicadores, e naturalmente constatamos

As dificuldades, empecilhos, degraus, típicos de novatos
Mas experientes, dedicados e sem medir esforços pessoais

Todos fomos à luta em busca de oportunidades e contratos
Que nos levassem ao amadurecimento, a parcerias sem cipoais

Sim, existem cipoais, lamaçais, ameaças e invejas
Sim, empreender é incomodar, é relançar, é modificar
Relações, desejos internos, entendimentos reais
Que na maioria das vezes todos temos que retificar

E assim foi a novata, mas já famosa, *partner*, a FORTEZA
E assim será com certeza uma empresa de pura beleza
E assim será com certeza uma entidade com nobreza
E assim será com certeza uma entidade com absoluta pureza

## ENTREVISTA DE DESLIGAMENTO

Entrevista de desligamento
Que tormento...
Sou dispensado, mesmo que não humilhado
Por que falar se não quero ser criticado?

Fui feliz, fui bem tratado, fui atendido
De que adiantou...

Um posicionamento meu me desligou...
Sem desculpa, sem atender meu pedido

Rodeios, entrelinhas, que perguntinhas
Se irei conseguir outro emprego, não há questão
Se vou ficar desempregado, que coisinhas...
Se vou ficar triste, não está em discussão

Sinto provocações, para criticar, para não elogiar
Sinto relações trabalhistas a garantir
Para que então os defeitos eu denunciar?

## EXEMPLO DE CRIATURA

Conheço Rosi penso que em 1998
Vem do PAS, de tão triste lembrança
Menina como profissional, mas mulher como mãe
Cresce, enobrece estudar e aparece...

Vem o tempo, atingimos 2010
Ela nos deixa com orgulho, mas com tristeza
Mas ela tudo cria, com alegria e com nobreza
Sorridente, perspicaz, mas crescente

Com espírito lutador, sempre com amor
Com espírito progressista, sem que persista
Com espírito da empresa, quanta beleza!

Em todos os seus atos, atitudes e decisões
Em todas as mais nobres situações
Está sempre presente, sempre atuante, sempre sorridente...

## FELICIDADE SE CONQUISTA COM VIAGENS?

Viagens, passeios, mordomias
Uns fazem, conseguem e aplaudem
Outros, quem sabe, em quaisquer dias
Podem chegar ao ponto sem que protelem

Mas a felicidade é isso, somente isso?
Não, a felicidade é o amor pela família
Felicidade é a dedicação ao próximo
Felicidade é o dever cumprido sem homilia

Mas viajar é muito bom? É salutar?
Perguntam uns, respondem outros
Sim, é saudável e gostoso recordar
Sim, é lindo mesmo, que só de pensar...

Por que confrontar viagens, passeios
Com o trabalho, com a alegria de conviver
Com a família e com o bem-estar?
Confronto é algo pessoal, é também não saber

Dos pontos de vista, das dificuldades
Das situações de animosidades
Dos momentos de adversidades
Dos momentos de enfermidades

Mas para que debater?
Para entender
Para saber
Conviver...

## GUILHERME - UM DOCE DE CRIATURA

Nasce lourinho e doce
Com carinha de educado, é amado
Por todos de forma distinta
Pelos parentes é quase aclamado

Cresce quieto com fome de bola
Não esquece o amor pela escola
Cresce quieto com sua perninha esquerda
Não esquece o amor pela esperança

De vir a ser um craque talvez do Barcelona
Seu avô quer e sua mãe não quer, mas quer
Mas seus amigos o admiram e gostariam
Que seu futuro fosse aonde os craques iriam

O tempo passa, vêm os amores, pelo estudo
Pelas minas, pela responsabilidade que tem
Pelo futuro que Deus lhe indicou
Pelo amor que sua família dedicou

Avós maternas não se esquecem daquele passeio
Daqueles dias na Bahia, que alegria!
Daquela vontade de vencer os obstáculos
Que o hotel sem querer lhe oferecia

Mas isso passou, dezessete é a marca
Da alegria, do orgulho familiar
Do orgulho patriarcal
Do orgulho maternal

O tempo vai passar, vai namorar
Vai estudar, vai trabalhar

Vai, mesmo que amador, jogar
Um futebol digno de Neymar!

Guilherme, seja feliz, seja bom
Seja esse menino gracioso
Honrado, honesto e bondoso
De que todos nós nos orgulhamos

Seja sincero...
Continue belo...
Seja um exemplo...
Continue assim todo o tempo!

## HISTÓRIA DE UM CAUSÍDICO

Voz forte, brincalhão, vida intensa
Parece que irá crescer na altura
Que maravilha, que gostosura...
Porém o tempo passa, a vida é extensa

Cresce ainda, voz forte, irrequieto
Estudar nem tanto, brincar é certo
Briguento e sem olhar o correto
Decide sem imaginar consequências

Um caso chama a atenção numa piscina
Que decisão, que providência, que sina...
Paulada no agressor, na cabeça do malfeitor
O assunto prossegue, a solução é sem dor

Chega à adolescência, quer a Gaviões da Fiel
Sem saber o quê, pensam alguns tios

Sem saber o porquê, aprende bateria
Da Vai-Vai, participa com intensa mania

O tempo passa, estudar é dúvida: o que fazer
O que aprender, o que transmitir

Quem deve aconselhar, quem deve participar

Exemplo ele tem, no pai a vislumbrar

Advogado, quem sabe, quem pode dizer
Vai cursar, quer na faculdade vencer
Quer na faculdade participar do grêmio
De estudantes, será que funciona como antes?

O tempo passa, na FIPECAFI o pai vai ajudar
Comunica-se, produz sempre com responsabilidade
Fica conhecido como um futuro profissional para comandar

No decorrer, casa-se, ainda inseguro e com futuro incerto
Mas Giovana nasce e o coração floresce
A responsabilidade, finalmente, se apresenta e aparece
Nova vida, nova esperança, novas atitudes, decerto

Decisão de vida, decisão de destino
Pensa, reflete opiniões, mas o faz ainda como menino
Moço, adulto, mas carnavalesco e alegre
Viajante, pensante, mas com muita amizade que agregue

Futuras equipes, mas antes precisa vislumbrar
Sua carreira, sua experiência, e no Grupo FB vai trabalhar
Desenvolve-se, na justiça do trabalho vai comandar

Audiências notáveis com acordos próprios em atuar

Com justiça, e com argumentos jurídicos e pessoais
Sempre acompanhados da pessoal simplicidade
Que lhe dava confiança e segurança nas decisões finais
Como se "dono" fosse, a defender-se de erros eventuais

Acordos como ninguém fez, respostas que ninguém dava
Rapidamente cresce e respeito profissional comandava
Suas ações, decisões e respostas convincentes
Como se "dono" fosse, sem deixar causas remanescentes

Muda de emprego, renasce outro profissional
Com qualidade dignas, torna-se conhecido na área
Com respeito, com tempo para a Giovana educar
Com o amor para a Giovana respeitar

Fala alto, todos ouvem, todos participam
Todos ao redor enxergam, ficam juntos
Todos são unânimes de suas opiniões saber
Quer políticas, quer da escola de samba e seu poder

Casa-se novamente, responsável e consciente

Surge Cibele tranquila, mas desejosa, pensa o autor
De uma menina nascer, de uma menina crescer

Desta união, deste amor, desta afeição

E surge, sem muito demorar, sem muito esperar
Isabela, já alegre nas fotos a demonstrar
O carinho que Marcos, Cibele e Giovana irão responder
Por toda a futura vida junto dos pais a comandar

Será que em Santos, será em qual lugar?
Este amor, agora com uma dupla de meninas

Todas lindas, todas educadas e amadas
Pelo resto da vida é só esperar...

Deus, pais, irmãos, tios e primos
Estarão sempre próximos a colaborar
Com os frutos, com as consequências
Da união com Cibele e os esperados mimos

## INICIAR É VIVER

Novo início, novos princípios
Novo dia, novas atenções
Novas dedicações
Novos indícios

Do aprender a conviver
Do aprender e realmente amar
Do dedicar e novamente pensar
Das saudades e do prazer

Muito bom é um retorno
Muito bom é um início
Excelente é o contorno

Das dificuldades que serão encontradas
Das etapas que deverão ser vencidas
Das novidades que serão louvadas!

## MARINA - MENINA

Marina, mulher e menina
Não chora, mas pensa e repensa

Marina, mulher e menina
Sofre, deita e com sua presença

De mulher responsável que é
Trabalha e cuida da família como poucas
Em especial da Selena, bela que é
E do seu esposo, sem voz rouca

Ouvir mal, falar alto, sussurrar pouco
Levantar cedo, dormir e manter o ronco
Que ninguém imagina ela possuir

Marina, de esforço concentrada
Com dedicação exagerada
Atende aqui, ali e mais nada
Como se estivesse cutucada

Curte o carro, curte a vida, curte Selena
Curte Marcos, faz pratos deliciosos
Curte a praia, curte a piscina
Curte os momentos maravilhosos

Que a vida lhe proporcionou...
Mas, e seu pai, como estará?
Bem, mas quando novamente andará?
Normal, célere como sempre pensou...

Mas, e sua mãe, como estará?
Cuidando da família como sempre
Cuidando do pai, como semente

De um amor familiar enorme
De uma dedicação exemplo
De uma dedicação brilhante
De um amor não distante

Marina Marcondes
Marina FB
Marina que lê
Marina que esparrama

Inteligência
Perseverança
Sofrimento
Lembrança...

## LONGEVIDADE

Vida longa, vida curta, vida estreita
Vida eterna enquanto a tragédia da Chape
Se resolve, se ajeita...
Minha filha lança um livro que relembra

Os problemas, as dúvidas, a realidade de quem
Pensa, de quem se ajeita, de quem não se sujeita
De quem como ela afirma: o futuro pertence a você!
O futuro pertence ao planejamento desejado por você!

Vem Renato, explica, justifica um fato
Daquele que um dia foi enterrado como um fardo
Segundo uns, mas não segundo ele...
Quem com orgulho ostentou o que desejava no ato

Vêm as questões, vêm novas dúvidas
Os autores explicam, contornam, complementam
Com um vigor e experiência de quem sabe o que faz
Com um conhecimento de quem sabe o que é viver

Aos 60, aos 70, aos 80 anos... Quem sabe
Quantos anos na plateia vão permanecer

Quanto da plateia vai viver
Quantos da plateia vão aos ensinamentos recorrer

Sejam da puberdade, sejam da maternidade
Sejam da geração Y ou mesmo da X
Sejam prósperos ou até os que não tiveram a felicidade
De planejar, de pensar, de resolver

Enquanto isso, como pai, penso e imagino
Se três filhos maravilhosos não tivesse
Se uma estudiosa da longevidade não conhecesse
O que seria de mim se vislumbre não tivesse?

Então recomendo a Mateus e a Guilherme
Que a tudo assistiram, que tudo viram
Sigam o exemplo, sigam a maravilhosa
Atitude da mamãe, da prodigiosa figura

Materna, eterna, que tudo configura
Que tudo emoldura
Que com tudo se preocupa
Que tudo anota, marca e nunca abandona a procura

## MARCAS DO TEMPO

Abril de 1994, localizam-se memórias
São levadas à realidade de 2017
Buscam-se ao mesmo tempo histórias
Buscam-se ao mesmo tempo justificativas

Saudades, amor de filha com pai
Parabéns extensivos e comuns

Narrativas que nos levam a dúvidas
Narrativas que nos levam a discussões

Mas será que as rusgas acabaram?
Será que as dúvidas se dissiparam?
Será que os amores não se levaram?

Um bom soneto tudo liquida
Um bom soneto a nós anima
Um bom soneto nos leva à rima!

# MATEUS – UM GATO

Cresce, quer jogar tênis e chora
Quando perde, quando a plateia não comemora
Cresce inteligente, mas sereno
Quando pensa, quando estuda

Menino tranquilo, notas altas
Menino bondoso, filho exemplo
Neto exemplo, mas se todos têm defeito
Qual seria o do Mateus?

A mãe procura. O pai se esconde
Os avós riem. Os tios se espantam
Até que a mãe descobre
Travessuras na noite ainda imberbes

Mas que noites? Só com adolescentes
Meninas ainda crescendo
Meninas ainda não respondendo
A quaisquer investidas mais recentes

## MEIGA DISTÂNCIA

Meiga, talvez, sem barulho, quem sabe
Porque se afasta, porque diz basta
A tantos motivos de orgulho, situação sem graça
Peço que você retorne sem qualquer ameaça

À alegria, ao clamor das explicações, sem o terror
Às correções tão necessárias, mas tão simples
Ao ver de todos, e de um pai tão amável
Tão dedicado, tão disponível, tão afável

A vida só pode ser feita com felicidade
Sem exageros, mas sem qualquer maldade
Sem críticas, mas sem qualquer piedade

Não é isso que reclamo e de que me queixo agora
Mas sim, o retorno do bebê capaz e lindo de outrora
Inteligente, responsável e ágil sempre sem demora

## MENINA - PRÊMIO

Chefe chato, aluno rebelde
Aula obediente
Mulher em formação
Momento de emoção

Surge a gravidez
Chefe prevê menino
Aluna confirma menina
Chefe insiste em menino

Um dia a conhece
Avó a traz com todo o orgulho
Uma graça...
Com beleza, em especial cabelinhos

Enroladinhos, penteadinhos
Maravilha de criatura...
Abençoada pelos exemplos
Abençoada por Deus

## MENINO - PRODÍGIO

Menino cresce, menino se esforça
Menino estuda, menino luta
Menino se diverte, menino enaltece
Suas virtudes, seus desejos, seu futuro

Vem o ABITUR... o que seria?
O menino esclarece, quer participar
Quer vencer, quer ganhar...
Vitória? Ele afirma, é só participar

E participa, e estuda, e não lamenta
Tempo, passeio cancela, nem tenta
Dispensar-se...? É só preparar-se
Para este futuro momento, pensa...

Decide, discute, conversa
Opiniões para dissuadi-lo enfrenta
Mas não discorda nem concorda
Não desiste, prossegue...

Vem a data, comemora
Com pais, irmão, tios e avós
Sem o avô, compromissado
Quem sempre lamenta estar ocupado

Avô se explica, não complica
Menino aceita, não justifica
Diz... Avô, não esquenta
Uma poesia eu aceito como dica

E a poesia sai, a poesia explica
O amor que existe, mesmo com distância
O amor que existe, mesmo na ausência
O amor que existe, na complacência

Do neto, querido, amado, prodígio
Educado, esperto, e sempre esperado
Na expectativa de um aprendizado
Que o avô aguarda até com alívio

De um perdão pela ausência
De um perdão pelo entendimento
De uma gratidão pelo momento
De seu amor pelo discernimento

# MEUS 45 ANOS

Bem vividos anos sofridos
Mas chega um momento de comemoração
De livres e abertos motivos
De amor, liberdade e oração

45 são 15 mais 30
Nos 15 lembro-me da infância
Nos 30 lembro-me da fase adulta
Nos 45 lembro-me da família unida

Família, cordão da dificuldade e da luta
Da união até a difícil separação
Mas feliz docemente da nova relação
Tão festejada, tão amada e tão respeitada

Com Pedro, João, Gabriel e Cristiana
Com Denise, Daniel, e seus pais
Conforta-se na sua luta incessante
Pela felicidade que ele esperava adiante

Seus negócios, seus percalços, suas virtudes
Sua busca constante pela eterna juventude
Seu amor por todos, seu respeito pela família
Seu jeito educado, falante que tanto auxilia

Seus gritos, sua forma expansiva, seu talento
Sua obsessão incansável pela perfeição
Fazem-no digno de todos pelo coração
Pela opção pelo certo e pela gentil atenção

Visitar amigos lembra-lhe dos tempos da infância
Memória forte lembra sem relutâncias
Atenção sublime ao tornar-se sempre querido
Educação ímpar ao tornar-se sempre o preferido

PARABÉNS, parabéns, pelos 15+30
Pelos 45, pelos possíveis 90
Pela infância, juventude, fase adulta e tão distinta
Que o fazem HOJE nosso herói, além de tudo
BOA PINTA...

## MEUS DEZOITO ANOS

Faço hoje um belo dia
Que me transforma de alegria
Que me conforta com a família
Que me liberta de alternativas

Posso viajar, posso dirigir
Posso ser natural sem correrias
Posso causar, posso sozinho lutar
Posso sozinho amar...

Será mesmo que é tempo?
Será mesmo que estou preparado?
Será mesmo que meus pais estarão ao meu lado?

A vida continuará agora com mais ardor
Talvez até com mais lutas e mais amor
Quiçá com a esperança de prosseguir!

## MEUS FILHOS

Meus filhos, minha vida, minha esperança
Os dotes que posso deixar não têm semelhança
Com nada... Herói, humano, fraco, forte
Pouco importa, ou não importa se não houver um corte

Nas atitudes, nos modelos, nos exemplos
Sem templos, sem reuniões, sem abraços
Mas com laços de afeto, que trazem
Comumente, algumas decepções, algumas ilações

Que as pessoas não entendem e até lamentam
Por que eles não se juntam, não se agrupam?
Por que então eles se amam tanto?
Porque Deus os uniu no amor e no acalanto

Eis a resposta, eis a visão, eis o que enxergamos!

## O TEMPO PASSA

Você descansa, você envelhece
Você se perdoa, você não se esquece
Você se medica, você se resguarda
Você não se trata, você não aguarda

A vida passa, um ano se foi
Um ano de trabalho, um ano de luta
Um ano aberto, alegria e basta!
Um ano de teimosia, ainda não tão vasta

O que falta para resolver?
O que falta para não mais adoecer?
O que falta para não mais sofrer?

Setembro de 2015 se foi
Setembro de 2016 irá iniciar
Será que 2017 irá nos beneficiar?

## PRISCILA – UMA MARAVILHOSA MULHER!

Chega 2009, surge uma mulher
Seca, mas sorridente
Prudente, mas muito inteligente
Pois sua profissão requer

Ninguém consegue deixar de atendê-la
Quase a socorrê-la
Com seus relatórios, seus apelos
Suas dúvidas, suas planilhas

O tempo se apressa
A venda de uma empresa começa
Surgem dúvidas, ela força todas as soluções
Ela busca todas as atenções

Concentra as razões
Dispute as melhores mediações
Chega 2010, o negócio acontece
Essa mulher engrandece

Mais uma vez vitoriosa
Junto de sua equipe maravilhosa
Expande-se e torna-se mais forte
Ainda mais poderosa

Os anos voam, ela se esconde
Em outros trabalhos, outros detalhes
Mas torna-se novamente mãe
De todos os seus amigos

Mas em especial de Luca
Pequeno príncipe, pequeno exemplo
Quem se espelhar nos pais
Será também grande demais

Mas retorna 2014, vem ela novamente
Seca, mas sorridente
Prudente, mas ainda mais inteligente
Forçar novo negócio

Com sua equipe maravilhosa
Buscando relatórios, informações
Pedindo papéis, enchendo de soluções
Buscando fórmulas, buscando medições

Para algo que não tem medida
Não tem preço talvez porque tem de ser
Assim feito e assim desfeito
Aquele castelo tão imaginado

Por um grande amigo seu
Pai de outro grande amigo seu
Parceiro que lhe dá broncas
Mas que a considera uma maravilhosa mulher!

## ROSE - UM EXEMPLO

Chega 1998, um parente pede auxílio
Auxílio para empregar alguém, um desafio?
Tratava-se de uma psicóloga, para recursos humanos
Sem experiência, mas alegre e convincente

Feita a aprovação geral de quem a entrevistou
Foi aprovada para um posto onde E e OU
Confundiam, atrapalhavam, embaraçavam
Os julgamentos e as escolhas se diversificavam

Mentes simples, pessoas do bem, pessoas de família
Revezavam-se nas entrevistas
Nas delícias de um novo emprego
Nas dificuldades de novas situações

Vigilantes, atendentes, auxiliares de limpeza
Todos respeitavam a Rose, todos ajudavam a Rose
Para bem servir, não para iludir
Para vencer, não para mentir!

Vêm os treinamentos, vem a ISO 9000
Linda equipe aquelas gerentes e diretoras
Linda equipe aquela, linda e sem sequelas
Linda com credibilidade e com destaques

Rose ganha confiança entre os clientes
Rose ganha confiança entre amigos
Rose ganha confiança entre seus chefes
Rose ganha confiança entre os colaboradores

Rose lembra-se de que foi professora
Primária, é verdade, mas alguém descobre
Mais qualidades, mais alternâncias

Vem a mudança, a empresa muda de mãos
Novos cuidados, novas soluções
Novos problemas, novas ações
Novos problemas, novas sugestões

Rose retoma a direção de um centro
De ação, de visão, de treinamento
De contratações, de medidas positivas
De medidas úteis e alternativas

Chega o dia de hoje
Que falar da Rose?
Que dizer do exemplo?
Que eu, modestamente, contemplo!

## SÃO JOSÉ

Zé da Loja, dezenove de março, quanto tempo!
97 anos ele teria sem contratempo
Quem o acometeu, que o levou bem cedo
Que nos tiraram, infelizmente, e sem medo

Zé da Loja, monteverdense, consertador de panelas
Com elas, sobrevivia cuidando da esposa e filhos
Chega o momento da Loja Suely, que empecilhos
Precisava aprender a mudar, conhecer, sem elas

Luta, aprende, excelente vendedor, ele e Araceli
Vendem, cortam tecidos, trocam por produtos
Ele viaja para São Paulo, convive com a 25 de Março
Que bom, retorna sempre obtendo frutos

Sem falar, sem conversar com seus filhos
Exemplo lhe dá, e querido por todos é naquele bar
Com a cachacinha à tarde, dividida sem pagar
Ou pagando sem que tivesse do que reclamar

Estimula seus filhos mesmo sem falar
Gosta de carros, gosta deles para andar
Roda por Cajobi, Severinia, Monte Azul
Roda por fazendas, sempre visitando o melhor pomar

Chega o dia, os filhos precisam estudar e mudar
Como todos os monteverdenses acabam por fazer
Muda-se para São Paulo sem reclamar
Vai ter com seus irmãos para renovar

Seu aprendizado, sua lucidez, e agora com um bar
Ou mercado, sei lá no que poderia atingir

Mas reage, luta, e ao final de sua vida, tem propriedades
Suas, que orgulho, sempre para prosseguir

Vêm os netos, primeira neta, que xodó
Que calor, que dedicação a ela
Que amor, que cuidados por ela
Que dedicação, e o amor é recíproco

Vem a aposentadoria, vende o bar
Será corretor de imóveis, sem avisar
Mesmo fora do ramo, busca mais uma vez vencer
O mesmo carisma demonstra ter

Segue a vida, murcha o coração
Murcha a ilusão, queda-se apático e sem dor
Demonstra-se inerte, sem emoção
E chega ao fim, sem o adeus a este autor

## TIAGUINHO

Tiaguinho sempre menininho
Sempre criança, sempre esperança
Alma especial, alma de criança
Mas como? Se até gerente foi?

Não importa seus dotes, sua ternura
Sua leveza, sua bondade, sua lisura
Suas broncas, suas decisões nervosas
Contra todos, contra o que não concordava

Tiaguinho, um ser humano diferente, especial
Tiaguinho, um ser humano excepcional
Tiaguinho, um ser humano não natural

Que todos nós não conseguiremos esquecer
Que todos nós vamos reverenciar
Que todos nós continuaremos a amar!

## UMA ALIANÇA E UMA ESPERANÇA

O destino é sempre uma surpresa
Neste caso, quanta beleza!
Uma união tão singela e linda
Como poucas se observam no caminho

Outras uniões aconteceram. Enquanto isso:
Muitas desfeitas
Muitas rarefeitas
Muitas malfeitas

Mas o destino tudo corrige
O destino é sábio e justo
Como em julgar pessoas e fatos
Como em julgar problemas e atos

Uma aliança, neste momento é símbolo
De família, de segredos e resignação
De sacrifícios, de entendimentos e proteção
De lutas diárias, de novas conquistas

Coragem é o principal numa aliança
Nestes momentos pela modernidade
Que a tudo se insurge nesta cidade
Que a tudo complica, que a tudo avança

Uma aliança forte e sincera
Uma aliança dedicada e não fugaz

Uma aliança recheada de sucesso
É o que seus convidados desejam

Desejam mais do que a outros exemplos
Que tiveram apenas um início
Neste caso, há outras lutas e momentos
Neste caso, há outros tipos e sustentos

Aliança eterna, aliança sincera
Cris é um doce de criatura
Cris é um exemplo de ternura
Denis é um exemplo de quimera

Um exemplo de obstinação, de esperança
Numa vida com seus filhos, com sua criação
Um exemplo pessoal, de amor e adoção
Um exemplo de sincera lembrança

Cris sabe e conhece seu caminho
Cris é tranquila e merece como nunca este momento
Cris é família, é união, um alento
Para Denis, seus filhos e seu ninho

Chamo agora ambas as famílias
Os sogros, as sogras, os filhos
Que passam a ser de ambos
Que passam a ter suas homilias

Por Deus, por tudo o que há de melhor
Por Deus, por tudo o que merecem
Por Deus, por tudo o que não esquecem
Pelos meninos, desejando-lhes superação e suor!

## UMA BELA HISTÓRIA

Chega aos 15 anos, quer trabalhar, quer ganhar
Experiência, decência, dinheiro?
Quer vislumbrar um pouco da inocência
Que aos 15 anos nos fazem vislumbrar

Foi escolhido, acolhido, vislumbrado
Começa a buscar pequenos ensinamentos
Do dia a dia, de todos os momentos
Dos problemas, das situações, como se as tivesse acabado

O tempo passa, ingressa no Grupo FB
Cuida das finanças mesmo sem querer
Cuida dos assuntos da família mesmo sem perder
A inocência, a decência, a experiência

Esta vai aparecendo, vai surgindo rapidamente
Pede para buscar novos rumos, o tempo passa
Vai tentar discutir, e implantar fora, a experiência ainda escassa
Torna-se adulto, começa a namorar, fica independente

Vai morar sozinho, sua mãe fica indignada
Vai disputar sozinho, o que conseguiu com sua amada
Muda novamente de emprego, pensam os pais: por nada
Muda novamente de emprego, pensam os pais: atitudes danadas...

Casa, luta, tenta o sucesso todos os dias
Convive, aprende a vida de casado
Descansa, engorda, mesmo que enrolado
Ouve, cuida, mesmo que ocupado

E chega hoje, janeiro de 2019
Experiência, digno e ainda buscando uma meta

Não fala, não conta, oculta
Um dia quem sabe nos dará uma neta?

## UMA CONQUISTA AGUARDADA

Vem pressão, vem injustiça inesperada
Numa ausência tão organizada
Um moleque lhe apronta e lhe afronta
Mas o caráter com coragem se levanta

A Forteza é criada, aguardada
Para seu início, muito bem-organizada
Sócios meninos, ainda sem a experiência
De um trabalho "solo" ainda sem a vivência

Correm para cá, correm para lá, viajam
Pensam, visitam, entrevistam
Pessoas nas empresas ainda indecisas
Poucas respostas são incisivas

Carregam um "*case*" como de futura solução
Mas a demora é de difícil e rara concretização
Pensam, visitam, entrevistam
Visando o futuro sem que o "*case*" saia do foco

Mas chega o dia, muitos envolvidos
Muitos cuidados, nada de paliativo
Muitas dúvidas, nada de mágicas soluções
Muitas incertezas por um futuro de diferentes ações

Família, mercado, se envolvem
Difícil, mas tudo resolvem

No mês de julho, grata emoção
Quando é feita a esperada divulgação

Chega setembro, marcada a oficial finalização
Unem-se todos pela derradeira negociação
A felicidade é geral até pela remuneração
Para quem negociou, é esperada responsabilidade

Pela união da Forteza
Pela união de todos, que beleza!
Pela afirmação, definitiva e pessoal
Pelo sucesso de uma equipe profissional

## UMA VISITA NECESSÁRIA

Chega o dia dois de novembro, data importante
Que atrai tanta gente, como motivo bem distante
Penso em lá estar, em lá me manifestar
Penso naquelas que um dia deixai de amar

Vejo meu pai, Zé da Loja
Vejo minha mãe, Araceli
Vejo Monte Verde e a infância
Vejo um dia toda a esperança

Conselhos me deram, conselhos me ajudaram
Será que pude ouvi-los? Será que os pratiquei?
As orientações que tanto colaboraram
Para que erros não maltratassem quem amei!

A vida passou, estudos me foram orientados
Educação, sinceridade, fidelidade me foram cobrados

Com meu irmão, com meus vizinhos, com os amigos
Até que um dia me casei com segurança e sorrisos

Mas pai e mãe fazem falta a alguém já idoso?
Pai e mãe param de confortar seus filhos?
Como contornar um problema tortuoso
Se não mais posso dialogar com eles...

Choro, poucas lágrimas, vê aquele chão com flores
Rezo, penso quantas vezes tive os amores
Destas criaturas tão serenas, tão belas
Tão corajosas, tão amigas e tão sinceras!

Que um dia resolveram me trazer de Monte Verde
Para estudar, para buscar uma vida nova em São Paulo
Para ser um homem de bem, aquele que nunca perde
Aquele que uma família irá construir com seus filhos

Choro, mais lágrimas, quanta saudade
Porque me deixaram, que maldade
Porque me abandonaram, lamento-me
Porque não me visitam, penso eu

Pergunto novamente: quem irá acender
Aquelas velas, em momentos difíceis?
Quem irá com toda a nobreza me acolher
Nas situações complicadas e não fáceis de resolver?

Percebo uma resposta de ambos, sem falar
Seremos nós, meu filho mais velho, que não deixaremos maltratar
Nossos netos, nossos ainda amigos, sem deixar
Que o destino possa um dia também lhe retirar

As penas que aquele chinelo tanto cobrou
As malcriações que aquele cinto tanto machucou

Aquela punição de trabalhar na farmácia do Sr. Ramon
Acolhendo aquela pestinha com própria mão

Mas finalmente me confortam
Finalmente me aliviam as penas
Finalmente me atendem com amor
Dizendo: não reclama da dor!

Desta distância, desta perene lembrança
Porque um dia iremos nos encontrar
Aqui, lá, em algum lugar...
Com amor, com alegria e esperança...

## VEJO AINDA EM 1970

Vejo ainda o tempo, cabelos brancos
Mas também vejo as mechas lindas
Que lhe destacavam e que lhe marcavam

Vejo ainda aquela menina, pernas meio tortas
Bela, viva, portuguesa nata
Pronta para ser ainda tocada, beijada
Mas tinha a timidez que impedia a tarefa

Vejo ainda a minha vontade de lhe falar na classe
De aparecer, de ser notado, de ser abraçado
Mas, afinal, um medo de ficar eternamente tomado

Limitava-me, e então eu torcia desesperadamente
Para que ninguém a percebesse
Ninguém a notasse, ninguém a escolhesse!

## VEJO AINDA EM 2017

Vejo ainda, passados 47 anos
Meu amor florescer mesmo ao entardecer
Dos dias em estarmos juntos
Aguardando notícias da TV e novelas

Vejo ainda, passando 47 anos
Aquela mesma mulher, a mesma mãe
Carinhosa, linda, respeitosa, alegre
A encantar-me, a buscar mais elogios

Vejo ainda, após tantos anos
Minha esperança prosseguir, continuar
Minha vida se animar

Vejo ainda, após tantos tropeços
Minha vida avançar, continuar
Ao lado da mulher, que sempre prometi amar!

## VEM MIGUEL!

Vem Miguel após tantos anos
Sem dúvidas nem desenganos
Vem Miguel, quanta esperança
Sem dúvidas, sem bonança

Simplicidade baiana de ambos os lados
Mocidade baiana com o entusiasmo
De quem sabe cuidar e sabe amar
Ainda que mais tenha que trabalhar

Vem Miguel com bom destino
Com saúde e sorte
Vem Miguel, lindo menino...

## VIDA CANSADA - PACIÊNCIA

O tempo passa dia após dia
Desavenças e distúrbios acontecem
Só precisam ser superados
Com todo o esforço envelhecer

Por que discutir, se prevalecem
O amor, o respeito, ainda que escondidos?
Por que discutir, se enaltecem
Várias qualidades, vários predicados?

Por que não pensar antes de discordar?
Por que discordar só por discordar?
Por que não se esforçar só para amar?

Ah! Viver a vida cansa
Viver a vida com esperança
É o que espero com você!
Parabéns por me suportar tantos anos!

## VIVENDO E CONHECENDO

Daniel não compartilha, Daniel não divide
Namora, viaja, Rio-São Paulo, ida e volta
Permeia seus interesses, não agride
Não confessa, não conta, não solta

Prossegue, curiosidade, família se manifesta
Como é a namorada, como será seu futuro?
Vai namorar, vai se casar, com ou sem festa?
Vai decidir, não vai dar "furo"?

O tempo passa, decidem juntos morar
Muito bom, muito certo, melhor que ficar
Chegam mais dias, todos cobram
O melhor que se possa para eles esperar

Decisão não dividida com ninguém retorna
Pensam, certamente o melhor para ambos
Marcam, sem confessar, a decisão que tomam
Casar? Sim, casar após tanto tempo namorar

E agosto chegará... Em Volta Redonda decidirão
Um futuro que deve ser brilhante
Familiar, com filhos e onipresente
É o que pensam seus pais com a coroação
Pamela e Daniel para sempre?

## ZÉ DA LOJA – 95 ANOS

Caipira, modesto e lavrador
Lavrador, trabalhador
Incessante, perseverante
Apaixona-se por Araceli

Mas como chegar até ela
Se morava com a mãe numa casa bela?
Enteada de um fazendeiro
Quiçá rica, talvez inatingível

Mas cria confiança
Cria vontade de se casar
Insinua-se e passa a respeitar
Agora uma linda moça, com 6 anos a mais

Culta, simples, mas de boa leitura
Apaixona-se por Zé, também funileiro
Casam-se, mudam-se para Monte Verde
E já tinham Tunim, pequeno e sapeca

E vão para Monte Verde em nova vida
Passam-se meses e surge a Loja Sueli
Sociedade verbal com Santiago
Cria um método de venda, uma nova forma de vida

E Araceli com ele e ele vendendo máquinas Elgin
Trocando tecidos por arroz e feijão
Trabalham como quase sempre em vão
Mas Tunim e Marim crescem

Possibilidades profissionais?
Nenhuma, só no Paraná, talvez
Só em São Paulo, onde estão os irmãos
Zé gostava de São Paulo, da 25 de Março

E para lá vai agora montar um mercadinho
Ou venda, ou mercearia, não importa o título
Crescem os filhos, Zé constrói duas casas
Filhos se casam e vêm netos

E ele os adora, ajuda Tunim na sua casa
Muito respeitado pela nora
Muito amado pelos netos
Aposenta-se e vai ser corretor de imóveis

Desliga-se do cotidiano do mercado
Dedica-se ao simbolismo de ser vendedor
Adoece, que pena, esquece!
De tudo, de todos

E falece...
Com um frágil coração
Fruto de dificuldades físicas
E se vai, que pena! Teria hoje 95 anos...

## NAIR - ONTEM, HOJE E SEMPRE

Pensei poeticamente, pensei com amor
Imaginei tantas explicações e passagens
Como justificar e explicar tanto clamor
De uma pessoa que sempre demonstrou imagens

Belas, sorridentes, de voz clara com detalhes
Lembrando o CVV, Santa Casa e sacolinhas
O que ela faz, o que ela fez, a que análises
São possíveis de constatar, com tantas balinhas

A distribuir, com tantos balões a presentear
Ao afago das crianças, ao amargo das dores
Sempre entregando-se com o maior dos amores
Sabendo que nem sempre conseguiria resolver

Nair, um dia sente dores, sente-se mal
Vai ao médico com urgência, imaginando um sinal
Que veio, da urgência em submeter-se a safena
Que dor, que preocupação, mas não que pena

Suportando com galhardia, em pleno Natal
Chorando ao receber em seu quarto cantores
Trazendo para ela que nada era fatal
Indicando que sorrisse, que não tivesse dores

Dias se foram, sacolinhas foram feitas
Como a tantas décadas e as que ainda virão
Nair levantou-se, Nair suportou após tantas colheitas
De vitórias, de alegrias com tanta satisfação

Nair prossegue, Nair não sossega
Nair enfrenta a pandemia, Nair vai ao computador
Da família cuida, para as amigas se entrega
Das caminhadas não se afasta mesmo nas chuvas

No Ceret pensa, conversa e reflete
No CVV ouve, reúne-se e não padece
Dos compromissos, da responsabilidade
Que os 77 anos lhe trazem com saudade

O que dizer desta esposa, desta amiga
Desta companheira, que sem fadiga
Me exalta, me tranquiliza, com os filhos
Com os netos, se responsabiliza

Orientando, conversando, reproduzindo
O que fez com os filhos, doutrinando-os
Para o sucesso, honestidade e introduzindo
Lições, enérgicas, mas sempre amando-os

Como nunca, como se pudesse conter
A criação de cada um, dentro de seu ser
Dentro do estudo e horas de lazer
Como se possível fosse, viver sem temer

Nair, impossível será conviver sem você
Nair, impossível será admitir qualquer distância
Nair, impossível será admitir qualquer tolerância
Nair, possível e provável viver sob a mercê

De seu carinho, de seu amor, de seu pudor
Que a mim são dedicados, sem temor
Com a lucidez e energia que você tem
E que Deus lhe deu, que Deus a você refletem

# ANTONIO SALVADOR MORANTE

Possui mestrado em Ciências Contábeis e Atuariais pela Pontifícia Universidade Católica de São Paulo (1991) e doutorado em Administração - Florida Christian University (2003). Atualmente ministra aulas de finanças no MBA da FIA-USP, e até 2010 foi prof. de controladoria, contabilidade, análise das demonstrações financeiras e administração financeira da Universidade Paulista. Também lecionou na Fundação Armando Álvares Penteado, FAAP de 1990 a 1995 e orientou dissertação de mestrado em Administração na FCU (Florida Christian University).

No campo empresarial, é presidente do Grupo FB, composto atualmente pelas empresas Alkanse, Coese, Colban e Locadora FB. É autor dos livros: *Demonstrações contábeis sintéticas, Formação de preços de venda, Controladoria, Análise das demonstrações financeiras, Administração financeira* e *Contabilidade: noções para análise de resultados e balanço patrimonial da empresa*, além de coautor do livro *Manual de gestão empresarial – teoria e prática*, coordenado e organizado pelos professores da FIA.

www.grupofb.com.br
morante@grupofb.com.br